BRYAN STEVENSON

Es el director ejecutivo de la Iniciativa de Justicia Igualitaria (Equal Justice Initiative). Desde que se graduó de la Facultad de Derecho de la Universidad de Harvard y de la Escuela de Gobierno John F. Kennedy, ha conseguido ayuda para docenas de reclusos condenados, presentado cinco alegatos ante la Corte Suprema y ha obtenido reconocimiento nacional por enfrentarse a los prejuicios contra los pobres y las personas de color. Ha ganado numerosos premios, incluida la Beca Genius de la Fundación MacArthur. Actualmente vive en Alabama.

Para obtener más información sobre la Iniciativa de Justicia Igualitaria, el Museo del Legado y el Monumento Nacional por la Paz y la Justicia, visita eji.org

Solo clemencia

Adaptación para jóvenes

HISTORIAS REALES DE LA LUCHA POR LA JUSTICIA

Bryan Stevenson

Traducción de
José Alejandro García Escobar

VINTAGE
ESPAÑOL

Originalmente publicado en inglés bajo el título *Just Mercy (Adapted for Young Adults)*
por Delacorte Press, una división de Penguin Random House LLC, Nueva York, en 2018

Primera edición: junio de 2025

Copyright © 2018, Bryan A. Stevenson
Todos los derechos reservados

Publicado por Vintage Español®, marca registrada de
Penguin Random House Grupo Editorial USA, LLC
8950 SW 74th Court, Suite 2010
Miami, FL 33156

Traducción: José Alejandro García Escobar
Copyright de la traducción © 2025 por Penguin Random House Grupo Editorial

Ilustración de cubierta © 2018, katyau/Getty Images
Diseño de cubierta: Philip Pascuzzo

La editorial no se hace responsable por los contenidos u opiniones publicados en sitios web o plataformas digitales que se mencionan en este libro y que no son de su propiedad, así como de las opiniones expresadas por sus autores y colaboradores.

Penguin Random House Grupo Editorial apoya la protección de la propiedad intelectual y el derecho de autor. El derecho de autor estimula la creatividad, defiende la diversidad en el ámbito de las ideas y el conocimiento, promueve la libre expresión y favorece una cultura viva. Gracias por comprar una edición autorizada de este libro y por respetar las leyes del derecho de autor al no reproducir, escanear ni distribuir ninguna parte de esta obra por ningún medio sin permiso previo y expreso. Al hacerlo está respaldando a los autores y permitiendo que PRHGE continúe publicando libros para todos los lectores. Por favor, tenga en cuenta que ninguna parte de este libro puede usarse ni reproducirse, de ninguna manera, con el propósito de entrenar tecnologías o sistemas de inteligencia artificial ni de minería de textos y datos

Impreso en Colombia / *Printed in Colombia*

Información de catalogación de publicaciones disponible
en la Biblioteca del Congreso de los Estados Unidos

ISBN: 979-8-89098-275-9

25 26 27 28 29   10 9 8 7 6 5 4 3 2 1

Para todos los jóvenes
a los que he tenido
el privilegio de representar.

El motivo es el amor, pero la justicia es el instrumento.

—Reinhold Niebuhr

ÍNDICE

Introducción: Tierras más altas 11

CAPÍTULO UNO: Los intérpretes del ruiseñor 29

CAPÍTULO DOS: Estrado 43

CAPÍTULO TRES: A prueba 57

CAPÍTULO CUATRO: Un himno para Herbert 77

CAPÍTULO CINCO: La comunidad 85

CAPÍTULO SEIS: Condenados 107

CAPÍTULO SIETE: Justicia denegada 119

CAPÍTULO OCHO: Todos los hijos de Dios 137

CAPÍTULO NUEVE: Estoy aquí 155

CAPÍTULO DIEZ: Mitigación 179

CAPÍTULO ONCE: Me iré volando 195

CAPÍTULO DOCE: Madre, madre 217

CAPÍTULO TRECE: Recuperación 227

CAPÍTULO CATORCE: Cruel e inusual 237

CAPÍTULO QUINCE: Dañados y heridos 247

CAPÍTULO DIECISÉIS: La canción triste de los que atrapan piedras 265

EPÍLOGO 279

Agradecimientos 285

Notas 287

Índice de nombres y contenido 299

INTRODUCCIÓN

Tierras más altas

No estaba listo para conocer al hombre condenado. En 1983, yo era un estudiante de veintitrés años de la Escuela de Leyes de Harvard, que además realizaba una pasantía en Georgia. Estaba ansioso, y me preocupaba estar en una situación que superara mis habilidades y que era muy complicada para mí. Nunca había entrado a una prisión de máxima seguridad y jamás había estado en el corredor de la muerte.

El pabellón de la muerte de Georgia se encuentra en una prisión en las afueras de Jackson, un pueblo rural muy apartado. Mi corazón se aceleraba conforme me acercaba. Estaba seguro de que este hombre iba a estar muy decepcionado al verme. Yo no sabía nada sobre la pena de muerte y tampoco había recibido, en ese momento, una clase en penal. No tenía el conocimiento básico del complejo proceso de apelaciones que dan forma a los litigios sobre la pena de muerte, un proceso que, con el paso del tiempo, conocería como la palma de mi mano.

Estudié filosofía en la universidad y no me di cuenta, hasta mi último año de estudios, de que cuando me graduara, no me iban a pagar por filosofar. No estaba seguro de lo que quería hacer con mi vida, pero sabía que quería hacer algo por las personas de escasos recursos, por influir en la historia de desigualdad racial de Estados Unidos y participar en la lucha por la justicia y la equidad. Encontré dos programas que parecían perfectos para mí: en Harvard podía estudiar Leyes, mientras cursaba una maestría en Políticas Públicas en la Escuela de Gobierno John F. Kennedy.

Poco después de que empezaran las clases, empecé a preocuparme. Pensé que había cometido un error. Sentía que tenía menos experiencia que mis compañeros de clase. No había conocido a un abogado. Me sentía afortunado por haber sido aceptado en el programa. Pero al final de mi primer año de estudios también me sentía desilusionado. La Escuela de Leyes de Harvard era un lugar intimidante, los cursos estaban alejados de los problemas raciales y de la pobreza del país, mis verdaderas razones para estudiar leyes.

Mientras mis compañeros de clase vestían trajes caros y realizaban entrevistas de trabajo en firmas de abogados en Nueva York, Los Ángeles y Washington D. C., el verano de mi primer año lo pasé trabajando en un proyecto de justicia para menores en Filadelfia. En las noches, tomaba cursos de cálculo avanzado a fin de prepararme para mi segundo año en la Escuela de Gobierno. El currículum del Programa de Políticas Públicas estaba muy

INTRODUCCIÓN · **13**

enfocado en números y manejo de estadísticas, lo cual me hacía sentir a la deriva. Pero de repente, todo cobró sentido.

Descubrí que la Escuela de Leyes ofrecía un curso intensivo de un mes sobre litigios raciales y pobreza. La profesora era Betsy Bartholet, que había trabajado como abogada en el Fondo Educacional y de Defensa Jurídica de la Asociación Nacional para el Progreso de las Personas de Color, el NAACP Legal Defense Fund. Un requisito para quienes quisieran matricularse en su clase era trabajar un mes con una organización realizando trabajo social. Así que, en diciembre de 1983, tomé un avión a Atlanta, Georgia. Me fui a colaborar con el Comité de Defensa de los Prisioneros del Sur (SPDC, por sus siglas en inglés), ahora conocido como el *Southern Center for Human Rights*, el Centro para Derechos Humanos del Sur. El Centro ofrece defensa legal a condenados en el corredor de la muerte de Georgia.

En el vuelo a Georgia conocí a Steve Bright, el director del SPDC. Steve era un brillante abogado litigante en sus treinta. Había crecido en una granja en Kentucky, pero acabó en Washington D. C., trabajando para el Servicio de Defensores de Oficio, y acababa de ser convocado para hacerse cargo del SPDC. Encontré coherencia entre los valores de Steve y su trabajo, contrario a otros catedráticos que conocí en la universidad. Cuando nos conocimos, me dio un abrazo y de inmediato empezamos a hablar. No paramos hasta llegar a Atlanta.

En algún momento del corto vuelo, me dijo: "Bryan, la pena de muerte significa que 'aquellos sin recursos, son castigados'. No podemos ayudar a los condenados a la pena de muerte sin el apoyo de personas como tú".

Pensé en lo qué significaba que personas sin dinero, sin capital, recibieran ese castigo. Me sorprendió cuán rápido creyó que yo tenía algo que ofrecer. Steve me explicó los problemas con la pena de muerte de forma sencilla, pero persuasiva. Analicé cada una de sus palabras. Su dedicación y carisma me impresionaron. Fue alentador conocer a alguien cuyo trabajo le daba energía a su vida.

—Espero que no estés buscando algo muy lujoso mientras estés aquí —me dijo.

Le aseguré que no.

—Agradezco la oportunidad de trabajar contigo.

—Bueno, llevamos una vida sencilla, y el trabajo suele ser muy intenso —me advirtió.

Pronto supe que no bromeaba.

Cuando llegué a Atlanta ese invierno había pocos abogados trabajando en el SPDC. Todos tenían treinta y tantos años. Esos hombres y mujeres, afroamericanos y blancos, estaban listos para luchar por los condenados a la pena de muerte y por todos los que recibieran tratos injustos en prisiones y cárceles.

Después de años de prohibición y aplazamientos, las ejecuciones otra vez estaban produciéndose en el Sur Profundo. La mayoría de los abogados del SPDC habían llegado a Georgia para responder a la creciente crisis: los condenados a la pena de muerte no tenían acceso a abogados y se les negaba su derecho a recibir asesoramiento legal. Se temía que fueran ejecutados sin que un defensor competente revisara sus casos. Todos los días recibíamos frenéticas llamadas de personas que no tenían soporte legal, cuyas ejecuciones estaban en calendario y se acercaban rápidamente. Nunca había escuchado voces tan desesperadas.

Cuando empecé mi pasantía, todos fueron muy amables conmigo, de inmediato me sentí como en casa. Hice trabajo administrativo. Respondí llamadas telefónicas y completé trabajo de investigación para el equipo. Apenas empezaba a acostumbrarme a mi rutina cuando Steve me pidió que fuera al corredor de la muerte para reunirme con un hombre que llevaba más de dos años allí. Tenía que darle un mensaje: *Usted no será ejecutado el próximo año.*

Mientras atravesaba la Georgia rural, practicaba lo que le iba a decir a este hombre.

"Hola, mi nombre es Bryan. Soy un estudiante de…". No. "Soy un estudiante de Derecho…". No. "Mi nombre es Bryan Stevenson. Soy un interno en el Comité de Defensa de los Prisioneros del Sur y me dieron instrucciones de informarle que no será ejecutado pronto". "No puede ser ejecutado pronto". "No está en riesgo de ser ejecutado pronto". No.

Pronto llegué a una intimidante valla con alambre de púas, cerca de la torre blanca de vigilancia de la Prisión Estatal de Diagnóstico y Clasificación de Georgia, o llegué simplemente a "Jackson", como le decíamos en el SPDC.

Era un sitio cruel.

Cuando le dije al oficial de visitas que era un asistente legal enviado para reunirme con un prisionero condenado a muerte, me miró con desconfianza. Esperé hasta que, con brusquedad, me llevó a la pequeña sala donde iba a tener la reunión.

"No te pierdas aquí; no te prometo que podamos entrar a buscarte", me advirtió.

La sala de visitas era una jaula de metal vacía. Era pequeña y sentía el tiempo no pasaba, aunque sabía que era imposible. Empecé a preocuparme de no estar bien preparado. Había pedido tener una reunión de una hora con nuestro cliente, pero ¿de qué iba a hablar durante tanto tiempo? Me senté en una de las sillas atornilladas al suelo y esperé ansioso. Por fin escuché el sonido de cadenas tintineando al otro lado de la puerta.

El hombre que entró lucía incluso más nervioso que yo. Me miró con un gesto de preocupación. Era un joven afroamericano de cabello corto. Recién rasurado, tenía un porte esbelto y vestía las limpias prendas blancas típicas de los prisioneros de Jackson. Me pareció familiar. Se parecía a todos los jóvenes con quienes había crecido, amigos de la escuela, gente con la que hice deporte o música juntos. El guardia le quitó las esposas de las manos y los grilletes de los tobillos, me miró y me dijo que tenía una hora. El oficial parecía disfrutar de nuestro malestar, porque sonrió burlón antes de darse la vuelta y salir del cuarto. La puerta de metal golpeó con fuerza detrás de él.

El condenado se quedó parado, y no supe qué hacer. Me acerqué y le di la mano. Él me respondió el saludo con cuidado. Nos sentamos y lo escuché hablar primero.

—Soy Henry —dijo.

—Lo siento mucho —fueron las primeras palabras que logré soltar. A pesar de todos mis ensayos, no pude evitar pedirle perdón varias veces.

—Realmente lo siento. Lo siento mucho. Realmente no sé, uh, soy solo un estudiante de Derecho. No soy realmente un abogado… Perdone que no pueda darle mucha información, pero no sé mucho.

El hombre me miraba con preocupación:

—¿Todo bien con mi caso?

—Oh, sí, señor. Los abogados del SPDC me enviaron para decirle que aún no tienen un representante para usted…, pero que no hay riesgo de que sea ejecutado en el próximo año. Estamos buscándole un abogado, un abogado de verdad, y esperamos que venga a reunirse con usted en los próximos meses. Soy solo un estudiante de Derecho. Me encantaría ayudarle, digo, si hubiese algo que pudiera hacer.

El hombre interrumpió mi parloteo agarrándome las manos con rapidez.

—¿No voy a ser ejecutado? ¿No me van a ejecutar el próximo año?

—No, señor. Dijeron que pasaría al menos un año antes de que usted reciba una fecha de ejecución.

Mis palabras no sonaron reconfortantes, pero Henry me apretaba las manos cada vez con más fuerza.

—Gracias, hombre. ¡En serio, muchas gracias! Estas son buenas noticias.

Sus hombros se relajaron y me miró fijamente. Había alivio en sus ojos:

—Eres la primera persona que conozco en más de dos años, desde que estoy acá, que no es otro prisionero condenado a muerte u otro guardia. Estoy feliz de que estés aquí y me alegra escuchar estas noticias. —Exhaló con fuerza—. He hablado con mi esposa por teléfono, pero no he querido que venga a verme o que traiga a mis hijos, porque tenía miedo de que vinieran y ya tuviera una fecha de ejecución. No quiero que vengan en estas circunstancias. Ahora voy a decirles que pueden venir a verme. ¡Gracias!

Me sorprendió ver a ese hombre tan feliz. Yo también me relajé y pronto empezamos a conversar. Me contó de su juicio, respondí las preguntas que me hizo sobre la Escuela de Leyes. Hablamos de nuestras familias, de música, de su vida en prisión. Hablamos de lo que realmente es importante en la vida y de lo que no. Reímos y hubo momentos en que estuvo muy triste y sentimental. Hablamos por un largo rato, y no fue sino hasta que escuché un golpe fuerte en la puerta que me di cuenta de que el tiempo permitido para mi visita había pasado. Vi mi reloj. Había estado con Henry por tres horas.

El guardia entró y me dijo gruñendo:

—Debiste haber terminado hace horas. Tienes que irte.

Le agarró los brazos a Henrry, los movilizó en la espalda y le puso las esposas. Con violencia, también le encadenó los pies. Henry hizo gestos de dolor.

Le reclamé:

—Creo que las esposas le aprietan mucho. ¿Puede aflojarlas un poco, por favor?

—No me digas cómo hacer mi trabajo.

Henry me sonrió y dijo:

—Está bien, Bryan. No te preocupes. Solo ven a verme algún otro día, ¿sí?

El guardia apretaba las cadenas en la cintura de Henry, que hacía muecas cada vez que estas crujían.

Angustiado, mascullé:

—De verdad, lo siento. De verdad, lo…

—No te preocupes, Bryan. Solo te pido que regreses.

Quería decirle algo reconfortante, expresar mi gratitud por haber sido tan paciente conmigo y con mi nerviosismo. Pero no se me ocurrió nada. Mientras el guardia lo empujaba con fuerza por la puerta de metal, Henry volteó a verme y sonrió. Justo antes de atravesar la puerta, plantó sus pies con fuerza en el suelo e hizo algo totalmente inesperado. Cerró los ojos, inclinó la cabeza hacia atrás. No entendía qué estaba pasando. Pero entonces, Henry abrió la boca y empezó a cantar. Tenía una fuerte voz de barítono que sonaba con claridad. Nos tomó por sorpresa a mí y al guardia, que dejó de empujarlo.

I'm pressing on, the upward way
New heights I'm gaining, every day
Still praying as I'm onward bound
Lord, plant my feet on Higher Ground.

Avanzo, camino hacia arriba,
alcanzo nuevas alturas, todos los días.
Rezo mientras voy hacia adelante.
Señor, planta mis pies en tierras más altas.

Era un viejo himno que solían cantar en la iglesia a la que iba de niño. Hacía años que no lo escuchaba. Henry cantó despacio, con sinceridad y convicción. Por las cadenas que llevaba en los tobillos y la posición de las manos en la espalda, Henry casi cayó al suelo cuando el guardia lo empujó de nuevo. Pero no dejó de cantar mientras avanzaba por el pasillo.

Escuchar su canción fue un hermoso regalo. Había llegado a esa prisión sintiéndome inseguro, creyendo que no debía estar ahí. No tenía derecho a esperar nada de un hombre condenado, de un hombre encerrado en el pabellón de la muerte. Sin embargo, Henry me dio una gran muestra de su humanidad, de compasión. En ese momento, Henry cambió algo en mi comprensión sobre el potencial humano, de su capacidad de redimirse y aferrarse a la esperanza.

Terminé mi pasantía con el compromiso de ayudar a los prisioneros condenados a muerte que había conocido durante ese mes. Una vez que regresé a la Escuela de Leyes, sentí un intenso deseo por entender las Leyes que permiten y autorizan el uso de la pena de muerte y otros castigos extremos. Tomé muchísimos cursos: Derecho Constitucional, Litigios, Procedimiento de Apelaciones y Tribunales Federales. Me sumergí en las profundidades de la historia racial, de la pobreza y el poder. La Escuela de Leyes y mi título en Política Pública me habían parecido demasiado abstractos y alejados de la realidad, pero luego de reunirme con los desesperados y los encarcelados, ambos tomaron relevancia.

El tiempo que pasé en el corredor de la muerte me reveló que hay un sesgo en cómo nuestro sistema judicial interpreta la Ley. Mientras más analizaba mi experiencia, más reconocía que había pasado toda mi vida luchando por entender cómo y por qué algunas personas son juzgadas injustamente.

Crecí en una familia pobre, en un asentamiento rural en la costa este de la península Delmarva, en Delaware, a la oscura sombra de la historia racial de este país. Banderas de la Confederación, símbolos de supremacía blanca y esclavitud se exhibían con orgullo.

Los afroamericanos vivían en guetos segregados, aislados por las líneas del tren dentro de pequeños pueblos o en "secciones de color" ubicadas en el campo. Algunos vivían en pequeñas chozas; familias que no tenían acceso a servicios de plomería tenían que usar letrinas. Compartíamos nuestros espacios al aire libre con gallinas y cerdos.

Las personas negras a mi alrededor eran fuertes y determinadas, pero habían sido marginalizadas y excluidas. Mi padre emigró de adolescente porque no había una secundaria para niños afroamericanos. Regresó luego con mi madre y encontró trabajo en una fábrica de comida; los fines de semana hacía trabajo doméstico en casas de playa y de alquiler. Mi madre trabajaba en la base de la Fuerza Aérea.

Mis parientes trabajaron duro toda la vida, pero nunca alcanzaron la prosperidad. Mi abuela fue hija de esclavos en el Condado de Caroline, en Virginia. Nació en la década de 1880; sus padres, en la década de 1840. Su padre siempre le hablaba de cómo fue crecer siendo un esclavo. Él aprendió a leer y escribir, pero lo mantuvo en secreto hasta la Emancipación, cuando fue liberado. El legado de la esclavitud fue determinante en la vida de mi abuela. Influyó en la forma en que crio a sus nueve hijos. También en la manera en que me hablaba y me decía con frecuencia: "Acércate".

Cuando la iba a visitar, me abrazaba tan fuerte que apenas podía respirar, pero siempre me hacía feliz estar entre sus tremendos brazos. "No puedes entender las cosas importantes desde lejos, Bryan. Tienes que acercarte", me decía seguido.

La distancia que experimenté durante mi primer año en la Escuela de Leyes me hizo sentir perdido, desubicado. La cercanía a los condenados, a las personas que habían recibido un juicio injusto, fue lo que me guio de vuelta a casa.

Este libro trata de lo rápido que condenamos en este país. Sobre el dramático aumento del número de personas encarceladas en Estados Unidos; un fenómeno conocido como *mass incarceration* o encarcelamiento masivo. Trata de los castigos extremos, sentencias duras y excesivas que damos a los condenados, y el trato siniestro que enfrentan en prisión. Trata de cómo creamos la injusticia al permitir que nuestros miedos, iras y distancia emocional determinen cómo tratamos a los más vulnerables. Este libro es también, sobre un período dramático de nuestra historia reciente que marcó la vida de millones de estadounidenses de todas las razas, edades y géneros, y que marcó al país en su totalidad.

Cuando fui por primera vez al corredor de la muerte, en diciembre de 1983, Estados Unidos atravesaba una transformación radical: estábamos encarcelando más personas que cualquier otro país. Hoy tenemos la tasa de encarcelamiento más alta del mundo. A comienzos de la década de los setenta, la población carcelaria era de 300 mil personas; actualmente supera los 2.3 millones. Casi seis millones están en libertad condicional (lo que significa que han sido liberadas del sistema penitenciario, pero permanecen bajo supervisión) o en libertad bajo palabra (lo que significa que han sido liberadas por "buen comportamiento"). Se estima que una de cada quince personas nacidas en Estados Unidos en el 2001 irá a la cárcel o a la prisión. Se estima además que uno de cada tres bebés afroamericanos nacidos en este siglo será encarcelado. Debo aclarar que estos números reflejan a quienes son condenados y encarcelados, *no* necesariamente a quienes cometen crímenes.

En nombre de la Ley hemos ejecutado a cientos de personas con armas de fuego, horcas, gas, electricidad e inyección letal. Miles más esperan sus ejecuciones en esa sección de la cárcel conocida como corredor de la muerte. Hemos enviado a un cuarto de millón de niños, algunos menores de doce años, a cárceles y prisiones de adultos. Por décadas hemos sido el único país del mundo que condena a cadena perpetua a niños sin la posibilidad de obtener libertad condicional.

Hemos creado leyes que hacen que ofensas no violentas —como emitir un cheque sin fondos o hurtos menores— resulten en condenas de cadena perpetua. Hemos encerrado a personas con problemas de abuso de sustancias. Más de medio millón de personas están encerradas en prisiones estatales o federales por delitos relacionados con drogas.

Hemos descartado la rehabilitación, educación y los servicios para los encarcelados porque, aparentemente, brindarles ayuda es demasiado amable y compasivo. Hemos institucionalizado políticas que reducen a los seres humanos a sus peores actos y les imponemos para siempre etiquetas como "criminal", "asesino", "violador", "ladrón", "traficante de drogas", "agresor sexual", "delincuente". Ellos no pueden modificar estas identidades pese a las circunstancias en que cometieron estos delitos, o cualquier mejora que intenten implementar en sus vidas.

El encarcelamiento masivo tiene un efecto igualmente profundo fuera de las prisiones. Si las personas han sido halladas culpables de tráfico de drogas, se les prohíbe a ellos y sus hijos recibir vales de comida y acceso a vivienda pública. Esto muchas veces deja sin hogar ni oportunidades laborales a familias pobres. Algunos Estados les quitan el derecho a votar a quienes tienen antecedentes penales. Como resultado, en varios Estados del Sur, la privación del derecho a votar entre los hombres afroamericanos ha alcanzado niveles vistos únicamente antes que entrara en vigencia la Ley de Derecho al Voto en 1965, que prohibía la discriminación racial en los sufragios.

Hemos cometido errores terribles. Miles de inocentes sufren en prisión. Decenas de personas han sido exoneradas (halladas libres de culpa) tras ser sentenciadas a pena de muerte y a punto de ser ejecutadas. Cientos de prisioneros que no están en el corredor de la muerte han sido puestos en libertad luego de ser declarados inocentes gracias a una prueba de ADN. Las presunciones de culpabilidad con base en la pobreza y los prejuicios raciales han creado un sistema lleno de errores.

Además, gastamos mucho dinero en prisiones, casi 80 billones de dólares al año. Para cubrir estos costos, los gobiernos estatales han retirado los fondos de servicios públicos, educación, salud y asistencia social. De hecho, constructoras de prisiones privadas y empresas de servicios penitenciarios han pagado millones de dólares a gobiernos estatales y locales para intentar convencerlos de crear nuevos crímenes, imponer sentencias más severas y rígidas, mantener a más personas tras las rejas incrementan sus ganancias. La privatización del encarcelamiento masivo da mucho dinero a unos pocos y costosas pesadillas al resto. Ha obstaculizado los esfuerzos para mejorar la seguridad pública, reducir los costos del encarcelamiento masivo y, lo más importante, promover la rehabilitación de los prisioneros.

Después de graduarme de la Escuela de Leyes, regresé al Sur Profundo para ser el representante legal de personas de escasos recursos, encarcelados y condenados a pena de muerte. En los últimos treinta años me he acercado a gente condenada de forma errónea y sentenciada a muerte, como Walter McMillian. En este libro leerás la historia del caso de Walter, que demuestra cómo nuestro sistema legal sentencia y condena de forma irresponsable, con resultados inquietantes y traumáticos. Pero el caso de Walter también me enseñó algo más: que hay luz al final del túnel.

La historia de Walter es una de tantas que cuento en estos capítulos. He sido el representante legal de niños que fueron abusados o abandonados, a quienes juzgaron como mayores de edad, que sufrieron más abuso y maltrato tras ser enviados a prisiones para adultos. He sido el representante de mujeres, cuya población en prisiones ha aumentado en un 640% en los últimos treinta años y he visto cómo nuestra paranoia por la adicción a las drogas y nuestra hostilidad hacia los ciudadanos de escasos recursos han hecho que criminalicemos a adictos y pobres. He representado a personas con problemas de salud mental que pasaron décadas en prisión. Me he acercado a víctimas de crímenes violentos y sus familiares, he sido testigo de cómo el encarcelamiento masivo ha provocado que el personal penitenciario sea más violento y airado, olvidando su sentido de la justicia y de la compasión.

También he representado a gente que ha cometido crímenes terribles, pero que, pese a ello, se esfuerzan por rehabilitarse y encontrar la redención. He descubierto que, en los corazones de muchos condenados y encarcelados, crecen semillas de esperanza y humanidad que cobran vida cuando se nutren con actos sencillos de cuidado y respeto.

Mi trabajo me ha dado una lección de vida importantísima: *Cada uno de nosotros es mejor que el peor acto que hayamos cometido.* Estoy convencido de que la pobreza no es lo opuesto a la riqueza, sino lo opuesto a la justicia. He llegado a creer que no podemos medir y evaluar nuestro compromiso con la justicia, la imparcialidad y la equidad por cómo tratamos a los ricos, los respetados o los privilegiados. Solamente podemos medir y evaluar nuestro carácter por cómo tratamos a los pobres, los desfavorecidos, los acusados, los encarcelados y los condenados.

Todos somos cómplices cuando permitimos que otros sean víctimas de maltrato. La ausencia de compasión puede corromper la decencia de una comunidad, un Estado y toda una nación. El miedo y la ira pueden convertirnos en seres crueles y abusivos. Todos sufrimos de la ausencia de clemencia y nos lastimamos a nosotros mismos tanto como victimizamos a los demás. Mientras más nos acercamos al encarcelamiento masivo y a los castigos extremos, más necesario es reconocer que todos necesitamos clemencia, todos necesitamos justicia y, tal vez, también un poco de gracia, aunque sea inmerecida.

CAPÍTULO UNO

Los intérpretes del ruiseñor

Estaba cerca de cumplir treinta y a punto de empezar mi cuarto año en el Comité de Defensa de los Prisioneros del Sur (SPDC) cuando conocí a Walter McMillian. Intentaba afanosamente mantenerme al día con su caso, al igual que con otro gran número de casos. Después de todo, una crisis se profundizaba: Alabama no tenía un sistema de defensores públicos, lo que significaba que muchos condenados a muerte no tenían quién los representara.

Mi amiga Eva Ansley era parte de un proyecto penitenciario en Alabama que daba seguimiento a los casos y emparejaba a abogados con prisioneros. En 1988, recibimos financiamiento federal para crear un centro que pudiera brindar apoyo legal a quienes estaban en el corredor de la muerte. En esa época ya había trabajado en muchos casos de pena capital en varios Estados del Sur y a veces había logrado obtener una suspensión de actuaciones, que ponía un alto a la ejecución minutos antes de que estas personas fueran enviadas a la silla eléctrica.

La última vez que fui al corredor de la muerte, conocí a cinco condenados que estaban desesperados: Willie Tabb, Vernon Madison, Jesse Morrison, Harry Nicks y Walter McMillian. Lo más memorable de Walter era la forma en que insistía que era inocente, que había sido condenado injustamente.

—Señor Bryan, puede que sea importante para usted, pero es importante para mí que sepa que soy inocente y que no hice lo que dicen, de ninguna manera —me dijo en la sala de reuniones.

El tono de su voz era neutral pero muy emotivo. Asentí.

Había aprendido a aceptar lo que me decían mis clientes hasta que los hechos sugirieran algo distinto.

—Estoy seguro de que no soy la primera persona acá que dice ser inocente, pero necesito que me crea. ¡Han arruinado mi vida! Esta mentira que dijeron sobre mí es más de lo que puedo cargar y si no recibo ayuda de alguien que me crea…

Le empezaron a temblar los labios y apretó los puños para cortar su llanto.

—Perdón. Sé que harás todo lo posible para ayudarme—. Su voz era apenas un suspiro.

Mi instinto me dijo que lo consolara. Había sinceridad detrás de su dolor. Aunque no había mucho que pudiera hacer en ese momento, le dije que revisaría su caso con mucho cuidado.

LOS INTÉRPRETES DEL RUISEÑOR · 31

De vuelta a la oficina, busqué la montaña de registros y encontré la transcripción del juicio de Walter McMillian. Había sido un juicio corto. Empecé a leer de inmediato.

Walter McMillian era al menos quince años mayor que yo, no había tenido acceso a educación y era originario de una pequeña comunidad rural. A pesar de que había vivido en el Condado de Monroe toda su vida, nunca había escuchado de la escritora Harper Lee —también oriunda de Monroeville, Alabama— o de su galardonada novela *Matar a un ruiseñor*.

La novela de Harper Lee cuenta la historia de un hombre afroamericano que es acusado de violar a una mujer blanca en la década de los años treinta y recibe el valiente apoyo de Atticus Finch, un abogado blanco. Lo que muchos pasan por alto es que Atticus no logra su cometido. Tom Robinson, el hombre acusado injustamente, es hallado culpable. Al final muere cuando, lleno de desesperación, intenta escapar de prisión y sus captores le disparan diecisiete veces en la espalda. A pesar de que la novela ha cautivado a millones de lectores —y además los enfrentó con algunas de las realidades raciales y del sistema judicial del Sur— sus verdades más duras no echaron raíces.

Walter McMillian, al igual que Tom Robinson, creció en uno de varios asentamientos pobres en las afueras de Monroeville, donde trabajó en el campo junto a su familia antes de ser lo suficientemente mayor como para ir a la escuela. Las oportunidades educativas para niños afroamericanos en los años cincuenta eran limitadas, pero la madre de Walter logró que fuera a una empobrecida escuela "para personas de color" por un par de años, durante su niñez. Sin embargo, a los ocho o nueve años, Walter se hizo demasiado valioso para arar, plantar y recoger algodón como para aspirar a las lejanas ventajas que podrían brindarle la educación.

Un poco de información sobre el pueblo natal de Walter: en el siglo diecinueve, dueños de plantaciones desarrollaron el área para poder producir algodón. El fértil y rico suelo del área atrajo a colonos blancos originarios de las Carolinas, quienes acumularon terreno y un gran número de esclavos. Incluso décadas antes de la Guerra Civil y la Emancipación, afroamericanos trabajaron los campos del llamado Cinturón Negro como aparceros y agricultores arrendatarios, y dependían de los colonos blancos para sobrevivir.

Para la década de 1950, la pequeña industria del algodón en Alabama fue reemplazada por una floreciente industria maderera. Los colonos blancos inauguraron fábricas de pulpa y papel en toda la región. Sembraron pinos en acres de terreno para fabricar papel y demás usos industriales.

Había aires de cambio, para bien y para mal. Los afroamericanos, en gran parte excluidos de la industria papelera, tuvieron que enfrentarse a nuevos retos económicos, a pesar de haber obtenido derechos civiles básicos. La era brutal del cultivo compartido y las leyes de Jim Crow llegaba a su fin, pero lo que venía era una época de desempleo y más pobreza. Los condados de esta región fueron de los más pobres del país.

Walter empezó su propio negocio de pulpa de madera en la década de 1970. De forma inteligente —y con mucha valentía— pidió un préstamo para comprar una motosierra, un tractor y un camión para transportar la pulpa. Una década después Walter era el dueño de un negocio sólido que no le hacía ganar dinero en abundancia, pero le otorgaba algo muy valioso para él: su independencia. Si Walter hubiera sido trabajador en un molino o una fábrica —el tipo de trabajo que realizaba la mayoría de los afroamericanos pobres en Alabama— hubiera tenido que trabajar para empresarios blancos y soportar las tensiones raciales de esa época. Walter no pudo escapar del racismo, pero tener su propio negocio le permitió tener un tipo de flexibilidad que estaba al alcance de pocos afroamericanos.

Walter era respetado y muchos lo admiraban, pero su independencia también motivó desprecio y suspicacia. Para algunos blancos en el pueblo, su libertad estaba más allá de lo que un afroamericano con poca educación podía obtener de manera legítima. Sin embargo, él se comportaba de forma agradable, respetaba a todos, era generoso y servicial, era amigo de muchas personas, blancos y negros con quienes hacía negocios.

Como todos, Walter tenía defectos. A pesar de que él y su esposa Minnie tenían tres hijos, la gente sabía que tenía amoríos con otras mujeres. Trabajar con árboles es un trabajo peligroso y demandante. Al tener pocos consuelos en la vida, Walter no podía resistirse a la atención que recibía de las mujeres. Había algo en su aspecto robusto —su cabello largo y abundante y barba desigual— que, combinado con su personalidad generosa y carismática, les llamaba la atención a algunas mujeres.

Walter creció consciente de que era prohibido que un hombre afroamericano tuviera relaciones con una mujer blanca. Al principio no le prestó atención al coqueteo de Karen Kelly, una mujer blanca que conoció en Waffle House, donde Walter iba a desayunar. Era una mujer atractiva, pero no la tomó muy en serio. Cuando Karen fue más directa y explícita, Walter dudó, pero luego se convenció a sí mismo de que nadie se enteraría.

Luego de unas semanas, se hizo claro para Walter que su relación con Karen le traería problemas. Ella era más joven y estaba casada. Cuando algunos empezaron a decir que los dos eran "amigos", ella se mostró orgullosa de su relación íntima con Walter. Su esposo, Joe, se enteró y la situación escaló rápidamente. Karen y Joe no eran felices juntos y planeaban el divorcio. Pero Joe comenzó a amenazarla con pedir la custodia de sus hijos y "arruinar la reputación" de Karen cuando revelara su relación con un hombre negro.

Un día, Walter recibió una citación que le pedía testificar en la audiencia donde se determinaría quién tendría custodia de los hijos de Karen y Joe. Sabía que eso le podía causar problemas, pero a pesar de los nervios fue a la Corte. Cuando Walter subió al estrado, el abogado de Joe le hizo preguntas groseras y hostiles. Walter quería olvidarse de toda esa terrible experiencia, pero la historia de su amorío interracial se difundió rápidamente y su reputación dio un giro. Walter no era más el pulpero trabajador, conocido por los blancos casi exclusivamente por lo que podía hacerles a los pinos con una motosierra. A sus ojos, Walter se volvió una amenaza.

El miedo a las relaciones sexuales y matrimonios interraciales está muy enraizado en Estados Unidos. Luego de la abolición de la esclavitud, un sistema de jerarquías y segregación racial fue creado, en gran parte, para evitar relaciones como la de Walter y Karen. De hecho, las relaciones interraciales eran prohibidas por la ley a través de los *anti-miscegenation statutes* o los "estatutos anti-mestizaje" (la palabra *miscegenation* empezó a ser usada en la década de 1860, cuando aquellos, a favor de la esclavitud, acuñaron el término para promover el miedo a las relaciones sexuales y matrimonios interraciales, y la mezcla de razas que resultaría si se abolía la esclavitud). Por más de un siglo, muchos agentes de la ley del Sur de Estados Unidos consideraron que era su deber castigar a los hombres afroamericanos que habían tenido relaciones íntimas con "sus" mujeres blancas.

Durante el corto período de la Reconstrucción, el Gobierno federal había prometido igualdad racial a los esclavos ahora libres. Pero luego de que las tropas federales dejaran Alabama en la década de 1870, rápidamente volvió la supremacía blanca al área y una serie de leyes raciales prohibitivas impusieron la subordinación de los afroamericanos. Perdieron el derecho al voto, relaciones sexuales y matrimonios interraciales fueron criminalizados y varios Estados en el Sur del país usaron los estatutos antimestizaje para justificar la esterilización forzada de mujeres pobres y pertenecientes a grupos minoritarios. Prohibir las relaciones sexuales entre mujeres blancas y hombres negros se convirtió en una gran preocupación en todo el Sur.

En 1882, la Corte Suprema de Alabama revisó el caso que trataba el amorío entre Tony Pace, un hombre afroamericano y

Mary Cox, una mujer blanca. Ambos fueron enviados a prisión. Al año siguiente, la Corte Suprema de los Estados Unidos revisó la decisión de la Corte de Alabama. Al usar frases como "separadas, pero iguales" —igual que con el caso Plessy vs. Ferguson veinte años después— de forma unánime la Corte ratificó la prohibición en Alabama de relaciones sexuales y matrimonios interraciales. Luego de la decisión de la Corte, muchos Estados del Sur y el Oeste Medio del país aprobaron leyes de "integridad racial" que hacían ilegal que afroamericanos —y a veces nativos americanos y americanos de origen asiático— contrajeran matrimonio o tuvieran relaciones sexuales con personas blancas.

No fue sino hasta 1967 que la Corte Suprema de los Estados Unidos finalmente desmanteló los estatutos antimestizaje por el caso de Loving vs. Virginia. Sin embargo, las restricciones para matrimonios interraciales continuaron incluso después de ese fallo histórico. Fue hasta el 2000 que este tema llegó a las votaciones estatales, donde la mayoría votó para eliminar la prohibición, aunque 41% de los ciudadanos votaron para mantenerla.

A veces beber de más, pelear con alguien o incluso tener una relación extramarital no era suficiente como para destruir la reputación y posición social de un afroamericano honesto y trabajador. Pero salir con una mujer de otra raza, particularmente una mujer blanca casada, era una transgresión que conllevaba peligros únicos y requería castigos extremos. Cientos de hombres afroamericanos han sido linchados incluso por rumores sin fundamentos sobre tales actos íntimos.

Puede que Walter no conociera la historia de las leyes, pero como todo hombre negro en Alabama, en lo profundo de su ser, conocía los peligros de un romance interracial para cualquier afroamericano. Casi una docena de personas habían sido linchadas en el Condado de Monroe y docenas más en condados vecinos. Estos linchamientos eran actos de terror que sembraban el miedo de que cualquier encuentro con una persona blanca, cualquier paso en falso en términos sociales, cualquier desaire involuntario, cualquier mirada o comentario imprudente, podría motivar un ataque horrible y mortal.

De niño, Walter había escuchado a sus padres y demás familiares hablar de linchamientos. Cuando tenía doce años, el cuerpo de Russell Charley, un hombre negro del Condado de Monroe, de quien se rumoreaba había tenido una relación interracial, fue hallado colgado de un árbol en Vredenburgh, Alabama. Walter recuerda el terror que atravesó la comunidad negra de la zona cuando encontraron el cuerpo acribillado y sin vida de Charley meciéndose de aquel árbol.

Y ahora le parecía a Walter que todos en Monroe hablaban de su relación con Karen Kelly. Pocas cosas en la vida lo habían preocupado de tal manera.

Unas semanas después, un acto aún más atroz sacudió a Monroeville. Cerca del mediodía del 1 de noviembre de 1986, Ronda Morrison, una estudiante universitaria blanca y hermosa, hija de una familia muy respetada del área, fue hallada muerta a tiros en Jackson Cleaners, el negocio de limpieza donde trabajaba.

Era poco común que ocurrieran asesinatos en Monroeville y la comunidad nunca había experimentado un crimen de tal magnitud. Ronda era una joven popular, hija única y el tipo de chica que toda la comunidad blanca adopta como su hija.

Al inicio, la policía creía que nadie de la comunidad, blanco o negro, podría haber sido capaz de cometer un acto tan atroz.

Persiguieron a dos hombres latinos que habían sido vistos en Monroeville mientras buscaban trabajo el día que hallaron el cuerpo de Ronda. La policía encontró a los sospechosos en Florida, pero una investigación reveló que ellos no eran los asesinos. El antiguo dueño de Jackson Cleaners, un anciano blanco llamado Miles Jackson, también fue considerado sospechoso, pero no había suficiente evidencia como para acusarlo. La policía interrogó al actual dueño de la empresa, Rick Blair, pero lo declararon inocente. Luego de unas pocas semanas, la policía se quedó sin teorías por explorar.

La gente en Monroe empezó a hablar de la incompetencia de la policía. "¿Por qué no pueden hallar a un sospechoso?", decían. Días después del asesinato, un tal Tom Tate fue elegido como el nuevo alguacil del condado y los vecinos empezaron a cuestionar si era capaz de enfrentar y resolver el crimen. Después de todo, había un asesino suelto.

Mientras tanto, Walter tenía sus propios problemas. Había intentado terminar su relación con Karen Kelly. Los procesos legales de la custodia de sus hijos y el escándalo público de su relación con Walter la habían afectado: comenzó a consumir drogas y su vida iba en picada. Karen, además, comenzó a relacionarse con Ralph Myers, un hombre blanco de rostro desfigurado y con antecedentes penales. La relación con Myers llevó a Karen a tocar fondo. Juntos empezaron a vender drogas. También los implicaron en otro crimen inesperado: el asesinato de Vickie Lynn Pittman, una joven del Condado de Escambia, cerca de Monroe.

A pesar de que la muerte de Vickie Pittman causó revuelo, no fue tan escandalosa como el misterio que rodeaba el asesinato de Ronda Morrison. Vickie venía de una familia blanca de escasos recursos y de la cual varios miembros estaban tras las rejas. Era como si por pertenecer a un estrato social más bajo, su vida (y muerte) era menos valiosa que la de Ronda Morrison.

La policía rápidamente concluyó que Ralph Myers estaba involucrado en el asesinato de Pittman. Cuando la policía lo interrogó, se toparon con un hombre que no solo tenía heridas físicas, sino también problemas psicológicos. Ralph era sentimental y frágil mentalmente, necesitaba ser el centro de atención y era hábil manipulando y engañando a la gente. Creía que todo lo que saliera de su boca debía ser algo elaborado, épico y escandaloso. Había crecido en hogares de acogida y en uno de ellos fue víctima de un incendio. El fuego deformó su cara y cuello, fue necesario practicarle varias cirugías para que recuperara las funciones básicas de su rostro. Se había acostumbrado a que en la calle lo miraran fijamente e hicieran gestos de desazón al ver sus cicatrices. Era un paria con una vida trágica que mantenía al margen de la sociedad. Así que intentó compensar su mala fortuna pretendiendo tener información privilegiada sobre todo tipo de misterios.

Myers eventualmente confesó que accidentalmente quizá estuvo involucrado en el asesinato de Pittman, pero rápidamente culpó a otros de su muerte. Mientras más hablaba, sus historias parecían menos creíbles. Los oficiales empezaron a creer que Myers era el único asesino y que estaba desesperado por cubrir sus huellas.

Ralph Myers era analfabeto, pero sabía que el asesinato de Morrison era el que más preocupaba a las autoridades. De nuevo cambió su versión de los hechos. Esta vez, les dijo a los investigadores que había estado involucrado en el asesinato de Vickie Pittman, junto con Karen Kelly y su novio negro, Walter McMillian. Pero eso no fue todo. Además, le dijo a la policía que McMillian era también el responsable de la muerte de Ronda Morrison.

Tal aseveración llamó la atención de los agentes, que estaban ansiosos de señalar a alguien. Para confirmar si Ralph Myers y Walter McMillian eran cómplices, un agente del Buró de Investigaciones de Alabama (ABI, por sus siglas en inglés) pidió a Myers que se reuniera con el señor McMillian en una tienda. Los agentes verían el encuentro desde lejos; querían determinar si los hombres realmente se conocían.

Cuando Myers entró a la tienda, no fue capaz de identificar a Walter McMillian. De hecho, tuvo que pedirle al dueño de la tienda que lo señalara. Entonces le entregó una nota a Walter, supuestamente escrita por Karen Kelly. Según testigos, Walter estaba confundido tanto por Myers, un hombre al que nunca había visto, como por la nota. Walter tiró la nota a la basura y siguió con sus asuntos. Le prestó poca atención a ese encuentro tan extraño.

Los agentes de la ABI estaban convencidos de tener suficiente evidencia como para indicar que los dos hombres no se conocían y mucho menos que habían cometido un asesinato juntos. Sin embargo, persistieron en la teoría de que Walter McMillian estuvo involucrado. Para entonces habían pasado siete meses y la comunidad tenía miedo y rabia. Necesitaban desesperadamente que arrestaran a alguien.

Tom Tate, el alguacil del Condado de Monroe, no tenía mucha experiencia policial. Ahora, con cuatro meses en el puesto, se enfrentaba a un asesinato que parecía imposible de resolver y a la presión de la comunidad. Pero no había evidencia contra Walter McMillian, excepto ser un hombre afroamericano involucrado en un amorío interracial adúltero, lo cual significaba que era imprudente y quizá peligroso, pero Walter no tenía antecedentes y gozaba de buena reputación. Tal vez eso era evidencia suficiente.

CAPÍTULO DOS

Estrado

Mi salario anual de $ 14,000 no me permitía rentar un apartamento en Atlanta, así que Steve Bright amablemente se ofreció a recibirme. Todos los días, desde la mañana hasta la medianoche, resolvíamos pequeños y grandes problemas. Me encantaba aprender de su experiencia. Sin embargo, luego de pasar el primer año y medio de mi carrera legal durmiendo en su sofá, supe que era hora de encontrar un apartamento para mí solo. Cuando Charles Bliss, un compañero de la Escuela de Leyes, se mudó a Atlanta, me di cuenta de que podíamos unir nuestros pequeños salarios y rentar un apartamento barato. Charles era un joven blanco nativo de Carolina del Norte y nos habíamos vuelto amigos en la Escuela de Leyes. Cuando el trabajo y las tareas eran muy abrumadoras, Charles y yo íbamos a jugar basquetbol al gimnasio para intentar encontrarle sentido a la vida.

Eventualmente, compartimos un apartamento de dos habitaciones en el centro de Atlanta. Pero como los casos de Alabama que me tocaba revisar se incrementaban, no pasaba mucho tiempo en Atlanta. Empezaba a tomar forma mi plan de un nuevo proyecto legal para representar a personas condenadas a muerte en Alabama. Esperaba darle vida al proyecto y con el tiempo radicarme definitivamente en Atlanta. La lista de nuevos casos de pena de muerte, en Alabama, se traducía en trabajar a deshoras e ir de un Estado a otro intentando resolver asuntos sobre las condiciones de reclusión.

El estado de confinamiento de los prisioneros empeoraba en todos lados. En los años setenta, las manifestaciones en la prisión de Attica llamaron la atención de todo el país, por los horribles abusos que ocurrían dentro. Los prisioneros tomaron el Centro Penitenciario de Attica y la cobertura noticiosa expuso ante los estadounidenses las prácticas crueles dentro de las prisiones. Por ejemplo, los prisioneros a veces pasaban semanas o meses encerrados en confinamiento solitario en cuartos pequeñísimos. Algunos centros penitenciarios tenían *sweat boxes*, que eran huecos del tamaño de un ataúd donde los prisioneros eran encerrados por días o semanas, soportando temperaturas extremas. Algunos prisioneros eran sometidos a torturas con picanas eléctricas —usualmente empleadas para controlar ganado— por haber quebrantado alguna regla interna. Otros prisioneros se quejaban de que les ataban los brazos sobre la cabeza en postes de amarre forzándolos a mantener posiciones dolorosas por horas. Esta práctica, que no se consideró inconstitucional hasta el 2002, fue uno de muchos actos peligrosos y denigrantes que debían soportar las personas encarceladas. Eran comunes las malas condiciones alimentarias.

Recibíamos montones de cartas de prisioneros que seguían denunciando terribles e inhumanas condiciones de vida. Reportaban que el personal penitenciario continuaba golpeándolos y sometiéndolos a castigos indignos. Nos llegaba una cantidad alarmante de casos de prisioneros que fallecían en sus celdas.

Trabajé en varios de esos casos, incluyendo uno en Gadsden, Alabama, donde los oficiales alegaban que Lourida Ruffin, un hombre negro de treinta y nueve años, había muerto por causas naturales tras ser arrestado por violaciones de tránsito. Su familia insistía en que la policía y los guardias lo habían golpeado y negado el uso de su inhalador para el asma y otras medicinas, pese a sus súplicas. Pasé mucho tiempo con la desconsolada familia de Lourida y me contaron lo cariñoso que era como padre, lo amable que había sido y cómo la gente había pensado cosas terribles sobre él simplemente por ser un afroamericano de 6.5 pies y más de 240 libras. Su esposa y su madre lo recordaban como un hombre dulce y gentil.

Una noche, la policía de Gadsden detuvo al señor Ruffin porque dijeron que su auto se había desviado de la carretera. Los agentes descubrieron que su licencia de conducir se había vencido unas semanas antes, así que lo pusieron bajo custodia. El señor Ruffin llegó a la cárcel sangrando y lleno de golpes, le dijo a los otros prisioneros que había sido golpeado y que necesitaba con urgencia su inhalador y medicina para el asma. Cuando empecé a investigar el caso, los prisioneros me dijeron que habían visto a los oficiales golpeando al señor Ruffin antes de llevarlo a una celda de aislamiento. Varias horas después, vieron al personal sanitario sacar el cuerpo en una camilla.

A pesar de las reformas que se implementaron en los años setenta y ochenta, las muertes de prisioneros en cárceles continuaban siendo un problema grave. Suicidios, violencia entre presidiarios, atención médica inadecuada, maltrato y violencia ejercida por los guardias provocaron la muerte de cientos de personas cada año.

Recibí quejas de la comunidad de Gadsden. Los padres de un adolescente afroamericano, que había sido acribillado y asesinado por la policía, me dijeron que su hijo había sido detenido por una infracción de tránsito, luego de haberse pasado un semáforo en rojo. Su hijo acababa de empezar a manejar y estaba muy nervioso cuando el oficial se le acercó. Su familia insistía en que el chico se agachó al piso, donde tenía la bolsa del gimnasio en la que llevaba su licencia de conducir. El policía dijo que el muchacho quiso tomar un arma, a pesar de que luego no hallaron ningún arma en el vehículo y entonces le disparó mientras el joven seguía dentro del auto. El oficial dijo que el chico tenía aspecto hostil, que se movía rápidamente y de forma amenazante. Los padres me dijeron que su hijo era un muchacho nervioso que se asustaba fácilmente, pero también que era obediente, muy religioso y además buen estudiante. Nunca había lastimado a nadie. La familia convenció a líderes de derechos civiles para que exigieran iniciar una investigación.

Las súplicas llegaron hasta nuestra oficina. Me encargué de ese caso mientras revisaba otros.

Tratar de descifrar el Derecho Civil y Penal en Alabama y llevar al mismo tiempo casos de pena de muerte en otros Estados me mantuvo ocupado. Tenía que manejar grandes distancias y trabajar muchas horas. A mi desgastado Honda Civic del 1975 le costaba mantener el ritmo. La radio había dejado de funcionar correctamente; de repente volvía a la vida si pasaba por un bache o si me orillaba y empezaba a sacudir el auto.

Un día, luego de manejar tres horas desde Gadsden, fui directo a la oficina y de nuevo salí camino a casa poco antes de la medianoche. Entré al auto y para mi sorpresa la radio se encendió tan pronto giré la llave. Fue una nimiedad, pero me alegró el día. Mejor aún, la estación que había sintonizado pasaba música de Sly and the Family Stone. Crecí escuchando a Sly y manejé alegremente por las calles de Atlanta mientras sonaban canciones como "Dance to the Music" y "Family Affair".

Mi apartamento estaba ubicado en una calle residencial en el centro de Atlanta. Esa noche tuve suerte. Encontré un puesto para estacionar a pasos de la puerta principal justo cuando empezó a sonar "Hot Fun in the Summertime". Necesitaba dormir, pero ese momento era demasiado bueno como para dejarlo ir, así que me quedé dentro del auto escuchando a Sly. Cada vez que terminaba una canción me acordaba de que debía ir a la cama, pero luego empezaba a sonar otra canción irresistible y me era imposible apagar la radio. Comenzó a sonar "¡Stand!", aquel himno con un tremendo final de estilo góspel, cuando vi que se acercaba la luz de una radiopatrulla.

Mi calle era de una sola vía y mi auto estaba estacionado en la dirección correcta. La radiopatrulla llegó contra el tráfico. Me di cuenta de que no era una radiopatrulla común y corriente, sino uno de los autos de la unidad SWAT de Atlanta. Tenía una luz sujeta al techo y los agentes la apuntaron hacia mi auto, a mí. Recién entonces me di cuenta de que estaban allí por mí, pero no podía imaginar por qué. Llevaba unos quince minutos escuchando a Sly. Solo uno de los parlantes de mi auto funcionaba y no muy bien. Sabía que la música no sonaba muy alta.

Los oficiales me apuntaron con la luz como por un minuto. Apagué la radio. En el asiento del pasajero, tenía archivos sobre los casos de Lourida Ruffin y del muchacho asesinado en Gadsden. Al rato, dos agentes se bajaron de la radiopatrulla. De inmediato me di cuenta de que no llevaban el uniforme oficial de la policía de Atlanta, sino botas militares negras, pantalones y chalecos también negros de aspecto muy amenazante.

Era hora de bajarme e ir a casa. Pero tan pronto abrí la puerta y moví un pie, un oficial, que ya caminaba hacia mi auto, sacó su arma y me apuntó. Mi instinto era salir corriendo, pero supe que no era una buena idea. Debí lucir perplejo.

—¡Si te mueves, te vuelo la cabeza! —amenazó el oficial, pero no logré entenderle. Intenté mantener la calma; era la primera vez que alguien me apuntaba con un arma.

—¡Manos arriba!

El oficial era un hombre blanco, más o menos de mi altura. Por la oscuridad, solo pude distinguir su uniforme negro y el arma.

Levanté las manos y noté que estaba nervioso. No recuerdo haber decidido hablar, solo recuerdo las palabras que dije:

—No pasa nada. Todo está bien.

Estoy seguro de que era palpable el miedo en mi voz, porque me sentía aterrorizado. Repetí lo mismo una y otra vez.

—Todo está bien, todo está bien. —Finalmente añadí—: Yo vivo aquí. Este es mi apartamento.

El otro oficial, que no había sacado su arma, se acercaba con cautela. Rodeó mi auto y se me acercó por detrás. Me agarró los brazos y me empujó contra la parte trasera del auto. Entonces su compañero bajó el arma.

—¿Qué estás haciendo acá afuera? —dijo el segundo oficial, que lucía mayor que el que me había apuntado con su arma. Parecía molesto.

—Vivo aquí. Me mudé a esa casa al final de la calle apenas hace unos meses. Mi compañero de piso está adentro. Puede ir a preguntarle —respondí. Me molestaba que se diera cuenta del miedo que sentía y el temblor de mi voz.

—¿Qué haces en la calle?

—Escuchando la radio.

El oficial puso mis manos sobre el auto y me inclinó; la fuerte luz de la patrulla me iluminaba. Los vecinos empezaban a encender las luces de sus casas para ver qué ocurría. La casa junto a la mía cobró vida y una pareja de mediana edad se asomó.

El oficial que me tenía inmovilizado pidió que le mostrara mi licencia de conducir, pero no me permitió mover los brazos cuando intenté dársela. Le dije que estaba en mi bolsillo trasero y tomó la billetera. El otro oficial estaba inclinado asomándose dentro de mi auto y revisaba los documentos que tenía dentro. Sabía que lo que estaba haciendo era una búsqueda ilegal. Estaba a punto de decir algo cuando vi que abrió la guantera. Abrir los compartimientos de un vehículo parqueado era tan pero tan ilegal que entendí que no estaba poniendo atención a la ley y no habría tenido sentido alguno intentar mantener una conversación al respecto.

No había nada interesante dentro de mi auto. No había drogas, alcohol, ni siquiera tabaco. Mantenía una bolsa gigante de M&M's y goma de mascar Bazooka en la guantera para quitarme el hambre cuando no tenía tiempo de comer. Apenas quedaban unos pocos M&M's. El oficial acercó su nariz a la bolsa antes de tirarla al asiento trasero. Ya no me iba a poder comer esos M&M's.

Acababa de mudarme a ese apartamento y no había actualizado la dirección en mi licencia de conducir. Legalmente, no tenía que actualizar mi licencia, pero esa discrepancia motivó al oficial a retenerme por otros diez minutos mientras iba de vuelta a su radiopatrulla a realizar una búsqueda de mis datos. A pesar de que era tarde, los vecinos salieron de sus casas y empezaron a hablar entre ellos. Una mujer mayor y blanca les gritó a los oficiales que me cuestionaran por artículos que ella había perdido.

—¡Pregúntenle si tiene mi radio y aspiradora! —dijo.

Me aferraba a la esperanza de que la luz de mi apartamento también se encendiera y Charlie saliera a la calle para ayudarme, pero se me ocurrió que tal vez estaba en casa de su novia.

Finalmente, el oficial volvió. Parecía decepcionado y le dijo a su compañero:

—No hay nada sobre él.

Recuperé el valor y quité las manos de mi auto.

—Lo que hicieron estuvo muy mal. Yo vivo aquí. No debieron hacer esto. ¿Por qué lo hicieron?

El oficial mayor frunció el ceño.

—Alguien llamó a la estación y avisó de un presunto ladrón. Ha habido muchos robos en este vecindario —dijo y sonrió—. Te dejaremos ir. Deberías alegrarte.

Y así, se metieron dentro de su vehículo SWAT y se fueron. Los vecinos me dieron un último vistazo antes de dar un paso atrás y volver a sus casas.

Junté mis documentos, que el oficial había regado dentro de mi auto y en la acera. Molesto, tiré los M&M's a la basura que estaba en la calle y caminé hasta mi apartamento. Para mi alivio, Charlie estaba dentro. Lo desperté para contarle lo que había pasado. "Ni siquiera me ofrecieron una disculpa", dije. Charlie compartió mi indignación, pero pronto volvió a dormir. Yo pasé la noche en vela.

Cuando le conté a Steve sobre el incidente, se puso furioso y me exhortó a presentar una queja al Departamento de Policía de Atlanta. Otros compañeros dijeron que debía mencionar que yo era un abogado de derechos civiles y que llevaba casos de conducta policial indebida. Pero pensé: ¿por qué alguien tendría que mostrar sus credenciales profesionales para que lo tomen en serio sobre un caso de conducta policial indebida?

Empecé a escribir mi queja al Departamento de Policía de Atlanta y estaba decidido a no mencionar que soy abogado. Detallé mis preocupaciones. Encontré reportes del Buró de Estadísticas Judiciales que afirmaban que los hombres negros son ocho veces más propensos a ser asesinados por la policía que los hombres blancos. El problema podría empeorar porque algunos Estados habían aprobado una serie de leyes llamadas Stand Your Ground (Defiende tu postura), que permitían que ciudadanos con armas usaran fuerza letal sin siquiera haber recibido algún tipo de entrenamiento.

Sin pensarlo demasiado, había escrito casi nueve páginas donde describía todo lo que, según mi criterio, los oficiales habían hecho mal. Usé dos páginas para detallar la inspección ilegal que realizaron de mi vehículo y la ausencia de una causa que la justificara. Incluso cité media docena de casos. Leí la queja y me di cuenta de que había dicho todo excepto "soy abogado".

Presenté la queja al Departamento de Policía e intenté olvidarme del incidente, pero no pude. Lo que más me molestó fue cuando el oficial me apuntó con su arma y pensé en correr por mi vida. Yo era un abogado de veintiocho años que había trabajado casos de conducta policial indebida y sabía que debía mantener la calma cuando el oficial amenazó con dispararme. Cuando pensé en lo que habría hecho si eso me hubiera ocurrido a los dieciséis o a los diecinueve años, o incluso a los veinticuatro, me aterró darme cuenta de que pude haber salido corriendo. Cuanto más pensaba en eso, más me preocupaban los jóvenes y adultos negros de ese vecindario. ¿Acaso todos sabían que no debían correr? ¿Acaso sabían que debían mantener la calma y decirles a los policías "todo está bien"?

Empecé a sentir vergüenza por no haber tenido más control durante ese momento. No les dije a los oficiales que lo que estaban haciendo era ilegal. ¿Debí haber dicho algo? A pesar del trabajo que había hecho para ayudar a condenados a muerte, pensé en si realmente estaba listo para enfrentarme a situaciones verdaderamente difíciles. Empecé a tener dudas sobre abrir un bufete de abogados en Alabama.

Mi queja pasó al proceso de revisión en el Departamento de Policía de Atlanta. Algunas semanas después recibí una carta que decía que los oficiales no habían hecho nada malo y que el trabajo policial es muy difícil. Finalmente, el jefe adjunto del departamento aceptó reunirse conmigo. Había pedido recibir una disculpa y sugerí que los oficiales debían recibir entrenamiento para evitar incidentes similares. Él asintió amablemente mientras yo le explicaba lo que había pasado. Finalmente, se disculpó, pero pensé que simplemente quería que me fuera. Me prometió que los oficiales iban a "hacer su tarea sobre relaciones con la comunidad". No me hizo sentir mejor.

Mientras tanto, el trabajo aumentaba de forma agigantada. Los abogados que defendían a la cárcel municipal de Gadsden finalmente admitieron que los derechos del señor Ruffin habían sido violados y le había sido negado, ilegalmente, el acceso a su medicina para el asma. Obtuvimos un acuerdo digno para la familia del señor Ruffin, por lo que al menos recibirían un poco de ayuda financiera.

Para entonces, mi legajo de casos de pena de muerte estaba lleno. No tenía tiempo para declararle la guerra a la policía de Atlanta cuando tenía clientes condenados a morir. Aun así, no podía dejar de pensar en lo peligrosa e injusta que había sido esa situación en la que no había hecho nada malo. ¿Y qué si realmente hubiera tenido drogas en el auto? Me habrían arrestado, aun cuando el oficial había revisado mi auto ilegalmente. ¿Habría recibido el apoyo de un abogado dispuesto a tomar en serio mis reclamos? ¿Creería algún juez que no había hecho nada malo? ¿Le creerían a alguien como yo si no fuera un abogado? ¿Le creerían a alguien desempleado o con antecedentes criminales?

Empecé a dar charlas en grupos juveniles, iglesias y organizaciones comunitarias sobre los retos de ser criminalizado por ser una persona de escasos recursos o de color y sobre cómo lidiar con la presunción de culpabilidad. Di charlas en reuniones y argumenté que la policía podría mejorar la seguridad pública sin tener que abusar de la gente. Dije que los agentes del orden y quienes están en el poder también deberían hacerse responsables de sus actos.

Después de dar una charla en una pequeña iglesia afroamericana en un condado pobre y rural de Alabama, un hombre mayor en silla de ruedas se me acercó para conversar. Iba vestido con un viejo traje café. Durante mi charla noté que me miraba fijamente. Un muchacho de unos doce años, probablemente su nieto, lo llevó hasta donde estaba yo.

—Sabes qué estás haciendo? —dijo el hombre.

Estaba confundido, pero intenté sonreírle.

—Eso creo —dije.

—Te diré lo que estás haciendo. ¡Golpeas el tambor de la justicia! —dijo con fuerza.

El hombre me veía con fuego en los ojos y continuó:

—¡Tienes que golpear el tambor de la justicia!

Se recostó en su silla, y dejé de sonreír. Algo en sus palabras me hizo reflexionar.

—Sí, señor —dije muy suavemente.Me veía con simpatía y me hizo señas para que me acercara. Luego habló muy bajito, casi en un susurro, pero con una furia inolvidable.

—¿Ves esta cicatriz que tengo en la coronilla?, —dijo e inclinó la cabeza—. Me la hicieron en el Condado de Greene, en Alabama, cuando intenté registrarme para votar en las elecciones de 1964. ¿Ves esta otra cicatriz que tengo a un lado?—. Movió su cabeza a un lado y vi una cicatriz de unas 4 pulgadas sobre su oreja derecha—. Me la hicieron en Misisipi por abogar por los derechos civiles.

Su voz se hizo fuerte, luego me apretó el brazo y bajó un poco más la cabeza. "¿Ves esta otra marca?". Vi que tenía un círculo negro en la base del cráneo. "La obtuve en Birmingham, después de la Cruzada de los Niños".

El hombre se hizo hacia atrás y me vio con intensidad. "La gente cree que estos son cortes, cicatrices y heridas".

Entonces me di cuenta de que tenía los ojos húmedos. Luego se llevó las manos a la cabeza y me dijo: "Estos no son cortes, cicatrices y heridas. Son medallas de honor".

El hombre me miró fijamente por un largo rato, se limpió los ojos y le hizo un gesto al muchacho que estaba a su lado para que se lo llevara.

Me quedé parado con un nudo en la garganta y lo seguí con la mirada.

Un momento después me di cuenta de que había llegado la hora de abrir la oficina en Alabama.

CAPÍTULO TRES

A prueba

Después de meses de frustración, derrotas y desprecio creciente de la comunidad, el alguacil Thomas Tate, el investigador principal de la ABI, Simon Benson y el investigador del fiscal, Larry Ilkner, decidieron arrestar a Walter McMillian, basándose en las declaraciones de Ralph Myers. Aún no habían investigado al señor McMillian, así que decidieron arrestarlo por un cargo menor mientras armaban un caso más grande. Además, la idea de que el señor McMillian pudo también haber agredido sexualmente a Ralph Myers salió a colación durante el extraño testimonio que brindó Myers. La ley de Alabama prohibía las relaciones sexuales no procreativas y la policía tenía planeado arrestar al señor McMillian bajo esos cargos.

El 7 de junio de 1987, el alguacil Tate llevó un pequeño ejército de más de una docena de oficiales a un camino rural. Cuando hallaron a Walter en su camión, los policías desenfundaron sus armas, lo rodearon y lo sacaron a la fuerza del vehículo. Tate le dijo que estaba bajo arresto. Cuando Walter de forma frenética le preguntó al oficial qué había hecho, este le dijo que se le acusaba de sodomía. Walter le dijo que no sabía qué significaba esa palabra. Cuando el alguacil se lo explicó de forma explícita, Walter no lo podía creer y no pudo evitar reírse. Esto provocó a Tate, que respondió con un torrente de amenazas e insultos racistas. Por años, Walter declaró que mientras era arrestado, lo único que escuchó fueron insultos y amenazas de que iba a ser linchado.

"Vamos a evitar que todos ustedes se involucren con chicas blancas. Debería llevarte lejos y ahorcarte como hicimos en Mobile", supuestamente le dijo Tate a Walter en referencia a un caso inquietante que ocurrió en Mobile, Alabama, unos años antes, donde el Ku Klux Klan linchó a un joven afroamericano llamado Michael Donald.

Las amenazas de linchamiento aterrorizaron a Walter. Pero también estaba confundido. Si lo arrestaban por violar a otro hombre, ¿por qué le hacían preguntas sobre el asesinato de Ronda Morrison? Walter negó los alegatos con vehemencia.

La respuesta de los oficiales fue encerrarlo.

Cuando Ted Pearson, fiscal federal del Condado de Monroe, escuchó por primera vez la débil evidencia que sus investigadores habían reunido contra Walter McMillian, debió sentirse decepcionado. La historia criminal que contó Ralph Myers era bastante inverosímil.

Este es un recuento del testimonio de Myers en relación al asesinato de Ronda Morrison:

El día del asesinato, Myers fue a poner gasolina. Walter McMillian lo vio en la gasolinera y lo obligó a subirse a su camión a punta de pistola. Myers realmente no sabía quién era Walter hasta ese día. Una vez en el camión, Walter le dijo a Myers que necesitaba que manejara porque se había lastimado el brazo. Myers se negó, pero no tuvo otra opción. Walter le ordenó a Myers que lo llevara a Jackson Cleaners, en el centro de Monroeville y le dijo que esperara en el camión mientras el señor McMillian entraba solo al negocio. Después de esperar largo rato, Myers fue al final de la calle, donde había un supermercado y compró cigarrillos. Regresó diez minutos después. Tras otra larga espera, el señor McMillian finalmente salió del negocio y se subió al camión. De inmediato le dijo a Myers que había asesinado a una empleada de Jackson Cleaners. Myers entonces llevó al señor McMillian de vuelta a la gasolinera para que Myers pudiera recuperar su vehículo. Antes de irse, Walter amenazó con matar a Myers si este le contaba a alguien lo que había visto o hecho.

En resumen, un hombre afroamericano que había planificado un robo y asesinato en el corazón de Monroeville se detiene en una gasolinera a plena luz del día. Escoge al azar a un hombre blanco de cómplice y le pide que lo lleve, ida y vuelta, a la escena del crimen porque se lastimó el brazo, pese a haber sido capaz de manejar por sí solo hasta la gasolinera, donde encontró a Myers y manejar de vuelta a casa tras dejar a Myers en la gasolinera.

60 · SOLO CLEMENCIA

Los oficiales sabían que era difícil probar la versión de Myers, así que arrestaron a Walter por cargos de sodomía, para escandalizar a la comunidad y seguir manchando su reputación. La acusación también le permitió a la policía llevar el camión de Walter a la cárcel para que lo revisara, dentro de la cárcel, un informante llamado Bill Hooks.

Bill Hooks era un joven afroamericano conocido por ser un preso soplón. Había estado en la cárcel del condado por robo cuando el señor McMillian fue arrestado. A Hooks le ofrecieron liberarlo y darle una recompensa en dinero si podía conectar la camioneta del señor McMillian con el asesinato de Ronda Morrison. Hooks les dijo con entusiasmo a los investigadores que había estado en las inmediaciones de Jackson Cleaners a la hora del crimen y que había visto una camioneta con dos hombres en su interior alejarse del lugar. En la cárcel, Hooks identificó el vehículo de Walter y dijo que era el mismo que había visto en la escena del crimen seis meses antes.

Ese segundo testigo le dio a los agentes del orden lo que necesitaban para culpar a Walter McMillian de homicidio punible con pena de muerte, por haber asesinado a Ronda Morrison.

La alegría y el alivio llegó al Condado de Monroe. Finalmente, alguien enfrentaba cargos. El alguacil Tom Tate, el fiscal Pearson y otros oficiales de la policía recibieron aplausos.

Sin embargo, para la gente que conocía a Walter era difícil creer que fuera el responsable de un asesinato tan escandaloso. Vecinos negros le dijeron al alguacil Tate que había arrestado al hombre equivocado. Se trataba de un hombre sin antecedentes criminales o de violencia, no tenía sentido que alguien tan trabajador como Walter cometiera ese tipo de crímenes.

Tate no había investigado personalmente al señor McMillian, ni su vida o sus antecedentes. Ni siquiera dónde pudo haber estado el día en que Ronda Morrison fue asesinada. Sabía del amorío con Karen Kelly y había escuchado los rumores de que la solvencia de Walter, como afroamericano, se debía a que vendía drogas.

Al parecer, el día del asesinato Walter había sido anfitrión de un almuerzo en su casa. Familiares de Walter pasaron el día frente a su casa, vendiendo comida a los transeúntes a fin de recaudar dinero para la iglesia donde Evelyn Smith, hermana de Walter, era ministra. Al menos una docena de feligreses estuvieron toda la mañana con Walter y su familia el día en que Ronda Morrison fue asesinada.

Walter no tenía que trabajar ese día y había decidido reemplazar la transmisión de su camioneta. Para ello, buscó la ayuda de un amigo mecánico, Jimmy Hunter. A eso de las 9:30 de la mañana ya habían desmantelado la camioneta y desinstalado la transmisión. A las once de la mañana, los familiares de Walter llegaron a su casa y comenzaron a freír pescado y preparar la comida para la venta.

Según el reporte de la policía, Morrison fue asesinada aproximadamente a las 10:15 de la mañana, a unas once millas de la casa del señor McMillian, a la misma hora en que unos doce feligreses estaban en su casa vendiendo comida, mientras

Jimmy y él trabajaban en la camioneta. A primeras horas de la tarde, Ernest Welch, un hombre blanco que trabajaba en una tienda de muebles, llegó a la casa de la reunión para cobrar una deuda de la madre de Walter por una compra que había hecho a crédito. Welch le comentó a los invitados que su sobrina Ronda había sido asesinada esa mañana en Jackson Cleaners. Por un rato, hablaron con Welch sobre la tragedia.

Varios miembros de la iglesia, familiares de Walter y gente que pasó por la casa a comprar comida, podían confirmar que Walter no pudo haber asesinado a Ronda. Entre ellos, había un policía que pasó a comprar un sándwich e incluso anotó, en su registro policial, que había ido a buscar comida en casa del señor McMillian y que Walter junto a una multitud de feligreses estaban presentes en la reunión.

Con la información que obtuvieron sobre el paradero de Walter a la hora del asesinato de Ronda Morrison, familiares de Walter, feligreses, pastores afroamericanos y muchos otros le rogaron al alguacil Tate que pusiera al señor McMillian en libertad, pero Tate no cedió ante las súplicas. Habían tardado demasiado en realizar un arresto como para admitir que era un error. Tate y sus investigadores hablaron sobre el tema y coincidieron en continuar el proceso de investigación.

Ralph Myers comenzó a dudar sobre la acusación que hizo contra el señor McMillian, porque también lo habían implicado en el asesinato de Ronda Morrison. A cambio de testificar contra Walter, le prometieron un trato preferencial, pero empezó a darse cuenta de que no le convenía confesar su participación en un asesinato de alto perfil en el que no tenía nada que ver.

Unos días antes de que se hicieran públicos los cargos de homicidio punible con pena capital contra McMillian, Myers dijo a la policía que había mentido en su declaración. A esas alturas, a Tate y sus investigadores les interesaba muy poco que Myers se retractara de su versión de los hechos. En realidad, presionaron a Myers para que compartiera con ellos más detalles incriminatorios. Cuando Myers les dijo que no tenía más detalles, porque, simplemente, había contado puras mentiras, los investigadores no le creyeron.

Así que el 1 de agosto de 1987 trasladaron a Myers y a Walter de la prisión del condado al corredor de la muerte; los ubicaron en pisos diferentes para evitar que interactuaran entre ellos.

El pabellón de la muerte es el confinamiento disciplinario más extremo que permite la ley. Ubicar a alguien que no ha sido juzgado en una prisión reservada para delincuentes convictos casi nunca ocurre, mucho menos confinarlos en el corredor de la muerte. Esto sorprendió incluso a los otros prisioneros del pabellón. No está claro cómo Tate fue capaz de persuadir al director de la prisión para que recibiera en el pabellón de la muerte a dos detenidos que no habían tenido un juicio, aunque es probable que haya ocurrido porque tenía los contactos necesarios desde el tiempo en que trabajó como oficial carcelario.

El alguacil Tate llevó personalmente a Walter a la Prisión Correccional de Holman, un viaje corto hasta Atmore, Alabama. Antes de iniciar el traslado, de nuevo el alguacil ofendió a Walter con insultos racistas y lo amenazó con planes aterradores.

Cuando Walter llegó al pabellón de la muerte de Alabama, toda una comunidad de condenados lo estaba esperando. Desde que la pena de muerte fue restituida en 1975, unos cien prisioneros habían sido sentenciados a muerte. La mayoría eran afroamericanos, aunque a Walter le sorprendió ver que también había blancos. Todos eran pobres y todos querían saber por qué estaba ahí.

Los prisioneros del corredor de la muerte en Alabama permanecían en edificios de concreto sin ventanas, particularmente calurosos e incómodos para los condenados. Cada recluso era encerrado en una celda de cinco por ocho pies, con una puerta de metal. Dentro tenían un inodoro y una cama de acero, donde pasaban veintitrés horas al día. En agosto, las temperaturas en Alabama comúnmente llegan hasta los 100 grados Fahrenheit. Los hombres atrapaban ratas, arañas venenosas y serpientes que encontraban dentro para pasar el tiempo y para protegerse. Como era un sitio aislado y alejado, la mayor parte de los prisioneros tenía pocas oportunidades de ejercitarse o recibir visitas y los mantenían a una perturbadora y corta distancia de la silla eléctrica.

Esa gran silla de madera se construyó en la década de 1930 y los reclusos la habían pintado de amarillo antes de agregarle las correas de cuero y los electrodos. Le decían Yellow Mama (Mamá Amarilla). Como pronto iba a haber una ejecución, cuando Walter llegó los condenados hablaban de eso con regularidad. Las tres primeras semanas que pasó en el corredor de la muerte de Alabama, todo lo que Walter escuchó tenía que ver con la ejecución horriblemente atroz de John Evans. Evans había sido electrocutado tres veces en catorce minutos, porque los funcionarios de prisión le colocaron mal los electrodos. Las circunstancias desastrosas de su muerte atormentaban a los demás reclusos.

El torbellino de eventos de las últimas semanas había devastado a Walter. Había vivido toda su vida sin ataduras a nada ni nadie y ahora estaba confinado de una manera que ni siquiera pudo haber imaginado. Las burlas racistas y las amenazas de los oficiales de la ley que no lo conocían eran impactantes. Nunca había experimentado tanto odio. Walter siempre había sido querido por los demás y se llevaba bien prácticamente con todo el mundo. Genuinamente creía que los cargos en su contra eran un gran malentendido. Pensaba que una vez que los oficiales hablaran con su familia para confirmar su coartada, lo liberarían. Pasaron días, luego semanas y Walter empezó a hundirse en la desesperación.

Su cuerpo también reaccionó a esa situación de incertidumbre. Por varios días, no pudo sentir el sabor de la comida. Era incapaz de calmarse. En las mañanas, al despertar, se sentía bien por unos minutos, pero cuando recordaba dónde estaba se hundía en el terror. Los oficiales de la prisión le habían afeitado la cabeza y todo el vello facial. Al verse en el espejo, no se reconocía a sí mismo.

Estaba acostumbrado a trabajar al aire libre, entre árboles y el olor a pino en la brisa fresca. Ahora pasaba horas mirando las paredes lúgubres del corredor de la muerte, lo invadió una sensación de miedo y angustia hasta entonces desconocida para él.

El juez Robert E. Lee Key Jr. había asignado un abogado para representar a Walter durante el juicio. Pero había algo turbio y poco confiable en ese hombre blanco que no parecía muy interesado en

Walter y en su versión de los hechos. Ante eso, la familia de Walter recaudó dinero para contratar a los únicos abogados afroamericanos de la región: J. L. Chestnut y Bruce Boynton, de Selma. Chestnut era un abogado feroz y tenía amplia experiencia en derechos civiles. La madre de Boynton, Amelia Boynton Robinson, era una activista legendaria. El mismo Boynton era también un experimentado defensor de los derechos civiles.

Chestnut y Boynton no lograron convencer a los oficiales de liberar a Walter de inmediato. Entretanto, al alguacil Tate le molestó muchísimo que el señor McMillian hubiese contratado abogados. De camino a Holman, se burló de Walter por pensar que eso iba a ayudarle de alguna manera. Pese a que el dinero para contratar a Chestnut y Boynton fue recaudado por familiares de Walter mediante donaciones de la iglesia y vendiendo algunas cosas, la policía local dijo que eso evidenciaba que Walter tenía dinero escondido y que no era tan inocente como aparentaba serlo.

Otros prisioneros le dijeron que debía tomar medidas y presentar una queja federal por su permanencia ilegal en el corredor de la muerte. Walter apenas podía leer y escribir, y cuando no presentó los alegatos y demandas que los demás prisioneros le habían aconsejado presentar, algunos lo culparon por su situación.

"Había días que sentía que no podía respirar", recordó Walter tiempo después. "No había experimentado algo así en mi vida. Estaba rodeado de asesinos y, aun así, a veces sentía que ellos eran los únicos que intentaban ayudarme. Recé, leí la Biblia y mentiría si dijera que no tuve miedo, que no estaba aterrado en todo momento".

El plan original de Ralph Myers de decir que tenía información sobre el asesinato de Ronda Morrison claramente jugó en su contra. También enfrentó cargos por homicidio relacionados con la muerte de Morrison y fue enviado al pabellón de la muerte. Inmediatamente, Myers cayó en una profunda crisis emocional. Desde que sufrió quemaduras siendo un niño, le tuvo miedo al fuego, al calor y a los espacios cerrados. Conforme los prisioneros hablaban de ejecuciones como la de John Evans, Myers se sentía más y más angustiado.

La noche de una nueva ejecución, Myers tuvo una crisis nerviosa y empezó a llorar en su celda. Hay una tradición en el corredor de la muerte de Alabama: a la hora de una ejecución, los condenados golpean las puertas de sus celdas con tazas en señal de protesta. A medianoche, mientras los otros prisioneros hacían ruido, Myers estaba en una esquina de su celda, en posición fetal e hiperventilando. Cuando el hedor a carne quemada —que muchos prisioneros dicen sentir durante una ejecución— llegó a su celda, Myers se desmoronó. Llamó a Tate la mañana siguiente y le dijo que le diría cualquier cosa si lograba sacarlo del corredor de la muerte.

De inmediato, Tate fue a recoger a Myers y lo regresó a la cárcel del condado. Usualmente, el Departamento Penitenciario de Alabama no puede llevar a personas al corredor de la muerte o sacarlos sin autorización de la Corte y sin el papeleo necesario, sin duda ningún alcalde tiene la autoridad de hacerlo por sí mismo. Pero la acusación de Walter McMillian no tenía nada de ordinaria.

Con Myers como testigo principal y Bill Hooks listo para afirmar que vio la camioneta de Walter en la escena del crimen, el fiscal federal creía que podía proceder contra el señor McMillian. El juicio fue agendado para febrero de 1988.

El fiscal Ted Pearson era un hombre mayor y tenía planes de jubilarse después de veinte años de servicio. Le molestaba que su oficina hubiera recibido críticas por no haber resuelto antes el asesinato de Morrison. Pearson había decidido dejar su puesto con una victoria y es muy probable que considerara el caso contra Walter McMillian uno de los más importantes de su carrera.

Sin embargo, algo le preocupaba. Un reciente caso de la Corte Suprema de Justicia amenazaba con acabar con un rasgo antiquísimo de los juicios criminales de alto perfil del Sur: jurados conformados totalmente por personas blancas.

Incluso veinte años después de la revolución de los derechos civiles, el Condado de Monroe contradecía los requisitos legales de integración racial y diversidad. Por ejemplo, muchas veces los afroamericanos eran excluidos de participar como miembros del jurado en casos de delitos graves en Monroe.

Ya en la década de 1880, la Corte Suprema determinó, en el caso Strauder vs. West Virginia, que era inconstitucional excluir a personas negras de participar como miembros de un jurado, pero por varias décadas los jurados siguieron conformados solo por blancos. En 1945, la Corte Suprema ratificó un estatuto de Texas que limitaba el número de jurados afroamericanos a uno por caso. En los Estados del Sur Profundo, las listas de posibles jurados se extraían de los registros de votantes, que excluían a afroamericanos. Incluso después de aprobarse la Ley de Derecho al Voto, funcionarios judiciales y jueces mantenían una mayoría blanca en la lista de jurados elegibles mediante varias tácticas que quebrantaban la ley. Comisiones locales de jurados usaron requisitos legales que determinaban que los jurados debían ser "inteligentes y ejemplares" para excluir afroamericanos y mujeres.

Para la década de 1970, la Corte Suprema determinó que la poca participación de minorías raciales y mujeres en las listas de jurados era inconstitucional. Pero recusar a todos o a la mayoría de los jurados potenciales afroamericanos se volvió una práctica común. La recusación o recusación perentoria es una táctica que permite a los abogados rechazar a jurados sin dar una razón. Esto significa que acusados como Walter McMillian, incluso en condados con un 40 o 50% de población negra, se enfrentan con frecuencia a un jurado exclusivamente blanco porque los candidatos negros fueron recusados. Esto era particularmente común en casos de pena de muerte. Luego, en 1986, la Corte Suprema determinó, a través del caso Batson vs. Kentucky, que era posible objetar a los fiscales de una forma más directa sobre recusaciones perentorias por discriminación racial. Este avance les dio esperanza a los acusados negros, pero no necesariamente impidió que los fiscales encontraran vacíos legales para seguir excluyendo a jurados afroamericanos.

En casos como el de Walter, que había atrapado la atención de la comunidad, los abogados defensores muchas veces presentan una moción para cambiar la sede del juicio, a fin de llevarlo del condado donde ocurrió el crimen a otro donde haya menos atención de los medios y donde estén menos impacientes por condenar al acusado. Sin embargo, es común que los jueces rechacen estas mociones.

En octubre de 1987, Chestnut y Boynton presentaron una moción para cambiar de sede y, para su sorpresa, Pearson aceptó que el juicio fuera trasladado debido a la cantidad de cobertura mediática que había obtenido. El juez Key asintió empático. Chestnut, que conocía bien las Cortes de Alabama, estaba seguro de que algo malo estaba a punto de ocurrir. ¿Acaso el juez y el fiscal federal ya tenían un plan?

Cuando el juez sugirió que movieran el juicio a un condado vecino, para que los testigos no tuvieran que viajar tan lejos, Chestnut se mostró esperanzado. Casi todos los condados vecinos tenían comunidades afroamericanas que oscilaban entre el 32 y el 72% de la población total. El único condado atípico era Baldwin, una zona adinerada en el sur de Alabama, con una población afroamericana de apenas el 9%.

Al juez le tomó poco tiempo decidir dónde iba a realizarse el juicio. "Nos vamos al Condado de Baldwin", dijo.

Este cambio de sede fue desastroso para Walter. Chestnut y Boynton sabían que el jurado tendría pocos miembros negros, o probablemente ninguno. Entendieron también que Baldwin era un condado extremadamente conservador, que había hecho aún menos que Monroe para distanciarse de las políticas raciales de Jim Crow. Chestnut y Boynton se quejaron de inmediato, pero el juez les recordó que ellos habían presentado la moción.

A Walter también le preocupó el cambio de sede. Pero puso toda su fe en lo siguiente: nadie podía escuchar la evidencia y creer que él había cometido el crimen. Simplemente no creía que un jurado, conformado por blancos o negros, sería capaz de condenarlo basándose en la historia ridícula que había contado Ralph Myers, considerando que tenía una coartada sólida, corroborada por casi una docena de testigos.

Mientras tanto, Ralph Myers de nuevo tenía dudas. La mañana de febrero en que debía empezar el juicio, Myers les dijo a los investigadores que no podía testificar porque lo que querían que dijera no era la verdad.

El juicio fue postergado y Myers fue enviado de vuelta al corredor de la muerte por negarse a cooperar. Al poco tiempo, en Holman, Myers comenzó nuevamente a mostrar problemas emocionales y psicológicos, tuvieron que llevarlo al Centro Médico de Alta Seguridad Taylor Hardin en Tuscaloosa, Alabama, el hospital estatal psiquiátrico. Sin embargo, el traslado no lo ayudó mucho y luego de treinta días en el hospital lo devolvieron al corredor de la muerte. Al ver que no podía escapar de la situación que él mismo había creado, Myers finalmente aceptó, de una vez por todas, testificar contra Walter McMillian.

Se fijó una nueva fecha para el juicio: agosto de 1988. Para entonces, Walter llevaba más de un año en el pabellón de la muerte. Por más que intentó adaptarse a su nueva realidad, no podía aceptar que su vida se hubiera convertido en una pesadilla.

Sus abogados se alegraron cuando supieron que Myers tenía problemas. Le dijeron a Walter que era una buena señal que

Myers se hubiera negado a testificar. Pero eso también significaba que Walter debía pasar otros seis meses en el corredor de la muerte y nada de eso le daba consuelo o ánimo.

Cuando llegó agosto y finalmente lo llevaron a la cárcel del Condado de Baldwin, en Bay Minette, para iniciar el juicio, Walter salió del corredor de la muerte con la confianza de que no regresaría jamás. Había hecho muchos amigos en el pabellón y le sorprendieron los conflictos que sentía por abandonarlos, pues sabía a lo que pronto se enfrentarían sus compañeros de pabellón. Sin embargo, cuando lo llamaron para acudir a la oficina de traslados, no perdió tiempo en subirse a la camioneta que lo sacaría de ahí.

El juicio fue corto y apático.

La selección del jurado se realizó en pocas horas. Pearson aplicó recusaciones perentorias a todos excepto uno de los afroamericanos citados para integrar el jurado. Myers subió al estrado para contar su absurda historia de cómo Walter lo había obligado a llevarlo a Jackson Cleaners. Según su versión, Myers entró al negocio y vio a Walter de pie junto al cuerpo de Ronda Morrison. Extrañamente, también contó que hubo una persona más en la escena del crimen involucrada en el asesinato, un misterioso hombre blanco de cabello entrecano, que estuvo a cargo del crimen y le ordenó a Walter matar a Myers también, aunque Walter no pudo hacerlo porque se había quedado sin balas.

Walter pensó que el testimonio de Myers carecía de sentido alguno y no podía creer que la gente lo tomara en serio. ¿Por qué nadie se reía de Myers? El contrainterrogatorio de Chestnut dejó claro que el testigo mentía. Cuando Chestnut terminó, Walter estaba seguro de que el Estado simplemente anunciaría que todo había sido un error, pero el fiscal federal volvió a llamar a Myers para que repitiera sus acusaciones, como si al repetir una mentira varias veces se convirtiera en verdad.

Bill Hooks luego testificó que vio la camioneta de Walter abandonar la tintorería a la hora del asesinato y dijo haber reconocido el vehículo porque había sido modificado para tener un estilo *lowrider*. De inmediato, Walter les dijo a sus abogados que había transformado su camioneta varios meses después de que Ronda fuera asesinada. Pero la defensa no hizo nada con esa información, algo que frustró a Walter. Luego, otro hombre blanco llamado Joe Hightower, a quien Walter nunca había visto en su vida, subió al estrado y dijo que también había visto la camioneta de Walter en la tintorería.

Había una decena de personas que podían hablar sobre el almuerzo en casa de Walter e insistir en que estaba en casa cuando Ronda Morrison fue asesinada. Los abogados de Walter llamaron solo a tres de ellas al estrado. Parecía que todos querían apresurar el juicio y Walter no entendía por qué. El Estado llamó a Ernest Welch, un hombre blanco que dijo ser el "hombre de los muebles" y que había ido a casa del señor McMillian a realizar el cobro de la deuda de la madre de Walter el día del almuerzo, pero que no ocurrió el mismo día que su sobrina fue asesinada. Dijo que ese día se sentía tan devastado que fue otro día a cobrar.

Los abogados presentaron sus argumentos finales. El jurado se retiró y, en menos de tres horas, estaban de regreso en el tribunal. Sin inmutarse, todos declararon culpable a Walter Mc-Millian.

Una semana después, Walter estaba en una furgoneta con grilletes hiriéndole los tobillos y cadenas apretadas alrededor de su cintura. Sentía que sus pies empezaban a hincharse porque el metal le cortaba la circulación y empezaba a provocarle heridas. Las esposas estaban demasiado apretadas y Walter comenzaba a perder la compostura, algo inusual en él.

—¿Por qué las esposas tienen que estar tan apretadas? —dijo.

Los funcionarios del Condado de Baldwin que habían recogido a Walter una semana antes no habían sido cordiales de camino al tribunal. Ahora que Walter había sido declarado culpable de homicidio, eran abiertamente hostiles con él. Uno incluso se rio en respuesta a su pregunta.

—Estas son las mismas cadenas que usamos cuando te fuimos buscar. Ahora las sientes más apretadas porque se hizo justicia —respondió.

—Aflójalas un poco, hombre. No puedo estar así.

—De ninguna manera, mejor piensas en otra cosa.

Walter de repente reconoció al hombre. Al término del juicio, cuando el jurado ya había declarado culpable a Walter, su familia y varios afroamericanos que fueron al tribunal estaban conmocionados y no podían creer lo que acababa de pasar. El alguacil Tate alegó que el hijo de veinticuatro años de Walter, Johnny, dijo: "Alguien va a pagar por lo que le han hecho a mi padre". Tate pidió que arrestaran a Johnny y hubo un forcejeo. Walter vio que unos oficiales empujaron a su hijo hasta tumbarlo al suelo, donde lo esposaron. Mientras más miraba a los oficiales que lo llevaban de vuelta a prisión, más se convencía de que uno de ellos había reducido a su hijo.

La furgoneta empezó a moverse. No le dijeron a Walter a dónde iba, pero tan pronto llegaron a la carretera era claro que lo llevaban de vuelta al corredor de la muerte.

Walter estaba angustiado y confundido el día que lo arrestaron. Había sentido frustración al pasar días y luego semanas en la cárcel del condado. Había caído en depresión y tenía miedo cuando lo llevaron al corredor de la muerte antes de siquiera haber sido hallado culpable de un crimen. Pero cuando un jurado mayoritariamente blanco lo declaró culpable, después de quince meses esperando su exoneración, Walter estaba en *shock*, paralizado. Poco a poco regresaba a la vida, pero lo único que sentía era ira. Walter se dio cuenta de que había sido una tontería darles el beneficio de la duda a todos, a los fiscales, el juez y los oficiales.

—Oigan, ¡los voy a demandar a todos ustedes! —dijo.

Sabía que estaba gritando y que eso no iba a cambiar las cosas.

—¡Los voy a demandar a todos!

Pero los oficiales no le prestaron atención.

—¡Aflojen las cadenas! ¡Aflójenlas!

No podía recordar la última vez en que perdió el control, pero empezó a sentir que se caía a pedazos. Después de un breve forcejeo, Walter se quedó en silencio.

CAPÍTULO CUATRO

Un himno para Herbert

En febrero de 1989, Eva Ansley y yo cumplimos nuestro objetivo de abrir un centro jurídico sin fines de lucro en Tuscaloosa, dedicado a brindar servicios legales gratuitos y de calidad a hombres y mujeres condenados a la pena de muerte en Alabama. Nunca pensamos que sería algo fácil, pero resultó ser más difícil de lo que esperábamos.

Los obstáculos se multiplicaron rápidamente. No pudimos obtener financiamiento público y, luego de varias reuniones desalentadoras con nuestra junta directiva, fue evidente que el Estado no apoyaba nuestro proyecto. Además de eso, no había muchos abogados en Alabama dispuestos a trabajar a tiempo completo en condenas de muerte por menos de $25,000 al año.

Eva y yo nos dimos cuenta de que tendríamos que hacerlo por nuestra cuenta y recaudar dinero nosotros mismos. Nos reorganizamos y empezamos de nuevo, esta vez en Montgomery, la capital del Estado. El proyecto terminaría llamándose Equal Justice Initiative (EJI), Iniciativa por una Justicia Igualitaria.

En el verano de 1989, alquilamos una pequeña propiedad cerca del centro de Montgomery, una casa amarilla de dos pisos estilo neogriego, construida en 1882 y con un pórtico encantador que daba la impresión de estar siempre abierto y dispuesto a recibir a todos los que necesitaran. Parecía un buen comienzo y era un buen contraste con los tribunales, salas de espera y paredes de prisión que debían enfrentar las familias de nuestros clientes. La oficina era fría en invierno, resultaba casi imposible mantener el ático libre de ardillas y el sistema eléctrico no permitía usar la fotocopiadora y la cafetera al mismo tiempo sin quemar un fusible. Pero desde el inicio parecía un hogar y un lugar de trabajo, y dadas las horas que íbamos a pasar trabajando, era un poco de ambas cosas.

Un torrente de ejecuciones ya agendadas nos esperaba. Entre 1975, cuando fue aprobado el nuevo estatuto de la pena de muerte y finales de 1988, hubo tres ejecuciones en Alabama. Para 1989, motivado por cambios políticos y legales, el número de ejecuciones en el Estado de Alabama se duplicaría.

Meses antes de abrir nuestra oficina, empecé a visitar el corredor de la muerte de Alabama todos los meses. Viajaba desde Atlanta para reunirme con mis clientes, entre ellos, Walter McMillian. Todos estaban agradecidos por mi ayuda, pero al acercarse la primavera de 1989, todos me pedían lo mismo: ayudar a Michael Lindsey. Su ejecución estaba programada para mayo de 1989. Les expliqué que, desafortunadamente, nuestro tiempo y recursos eran limitados, y que estábamos desesperados por abrir y poner en marcha la oficina de EJI. Pese a que fueron comprensivos, claramente se sentían angustiados y culpables de recibir ayuda legal mientras otros hombres estaban a punto de ser ejecutados.

El abogado de Lindsey, David Bagwell, era un abogado civil de renombre de Mobile. Pero los reclusos se enteraron de una carta que había escrito y que ellos habían comentado, especialmente por una frase escalofriante: "Generalmente estoy a favor de la pena de muerte porque los perros rabiosos deben morir". A muchos prisioneros les horrorizó la actitud de alguien que, supuestamente, debía abogar por ellos. Empezaron a desconfiar aún más de los abogados, incluso de quienes decían estar dispuestos a ayudar.

Decidimos hacer todo lo posible por Michael Lindsey, cuya fecha de ejecución se acercaba rápidamente. Intentamos presentar argumentos sobre un giro inesperado en su caso: el jurado nunca había decidido que debía ser ejecutado. El jurado había condenado a Lindsey a cadena perpetua sin la opción de libertad condicional, pero el juez anuló la condena y, en su lugar, impuso la pena de muerte. Esto era algo inusual y es posible que el juez hubiera querido parecer implacable con los criminales, para así ser reelegido.

Le escribimos una carta al gobernador de Alabama, Guy Hunt, pidiéndole que frenara la ejecución de Lindsey, basándonos en que el jurado no había solicitado la pena de muerte. Rápidamente el gobernador rechazó nuestra solicitud de clemencia y dijo que "no iría en contra de los deseos de la comunidad, expresados por el jurado, de que el señor Lindsey recibiera la pena de muerte", pese a que enfatizamos que los representantes de la comunidad —el jurado— habían pedido lo contrario. Era claro que eligieron perdonarle la vida. Pero nuestro esfuerzo fue en vano. Michael Lindsey fue electrocutado el 26 de mayo de 1989.

La primera ejecución que presencié fue la de mi cliente Herbert Richardson, un veterano de Vietnam, cuyas brutales y terribles experiencias durante la guerra le provocaron traumas y trastorno de estrés postraumático. Uno de los problemas de la posguerra menos discutido es la frecuencia con la que los veteranos de guerra regresan con traumas y son encarcelados al volver a sus comunidades. Herbert se convirtió en uno de miles de veteranos que acaban en prisión tras servir en el ejército.

Le había prometido a Herbert que estaría con él durante la ejecución, cuando llegué a la prisión todo estaba a oscuras. En la entrada había muchos hombres armados: policías estatales, agentes de la policía local, alguaciles adjuntos y los que parecían ser miembros de la Guardia Nacional. Era algo surrealista ver a todos esos hombres reunidos cerca de la medianoche para asegurar que un hombre perdiera la vida sin incidentes.

Cuando entré a la sala de visitas, a la esposa de Herbert y su familia les quedaba menos de una hora para despedirse de él. Nunca lo había visto tan tranquilo. Me sonrió y cuando entré me dio un abrazo.

"Oigan, todos, este es mi abogado", dijo con un orgullo que me sorprendió y me dejó conmovido.

Pasé los cuarenta y cinco minutos siguientes vigilando el reloj, pues sabía que pronto los guardias llevarían a Herbert a la parte trasera del recinto y que no volvería a verlo con vida.

Cuando el reloj llegó a las diez de la noche, los guardias se llevaron a la fuerza a su esposa y su familiares totalmente desconsolados. Treinta minutos antes de la ejecución, me llevaron a la celda al lado de la cámara de ejecuciones, al interior de la prisión, donde tenían a Herbert hasta que fuera momento de llevarlo a la silla eléctrica. Le habían afeitado todo el cuerpo para facilitar una ejecución "limpia". El Estado no había hecho nada para modificar la silla eléctrica desde la nefasta ejecución de John Evans. Me sentía angustiado. Había intentado estudiar lo que debería pasar durante una ejecución. Tenía la esperanza ingenua y equivocada de poder salvar a Herbert si los oficiales cometían un error.

Cuando Herbert me vio, parecía más conmovido que en la sala de visitas. Debió haber sido humillante que lo afeitaran en preparación para su propia ejecución. Se veía estremecido y molesto. Cuando entré a la cámara, me tomó de las manos y me preguntó si podíamos rezar. Y rezamos. Al terminar, tenía la mirada perdida y entonces volteó a verme.

—Oye, hombre, gracias. Sé que esto tampoco es fácil para ti, pero te agradezco por estar a mi lado —me dijo con gran emoción.

Sonreí y le di un abrazo. Su rostro se hundió en una tristeza insoportable.

—Ha sido un día extraño, Bryan, muy extraño. Mucha de las personas que se sienten bien, no se ponen a pensar en este día como el último de sus vidas con la certeza de que serán ejecutados. Es diferente a cuando estaba en Vietnam... Mucho más extraño.

Herbert hizo un gesto con la cabeza a los oficiales que se movían de un lado a otro, nerviosos.

—Ha sido extraño para ellos también. Todo el día me han preguntado: "¿Qué puedo hacer para ayudarte?". Cuando desperté esta mañana se me acercaron: "¿Te traemos algo de desayuno?". Al mediodía igual: "¿Quieres almorzar?". Y así todo el día. "¿Qué podemos hacer para ayudarte?".

—En las últimas catorce horas de mi vida —suspiró—, más personas me han preguntado qué pueden hacer para ayudarme que en los años que han pasado desde que me condenaron.

Me miró y su rostro se contrajo en un gesto de confusión.

Le di a Herbert un último abrazo. Pensaba en todo el trauma y los problemas que persiguieron a este hombre bueno desde Vietnam. No pude evitar preguntarme: ¿dónde estuvo toda esta gente cuando él más la necesitaba? ¿Dónde estuvo toda esta gente hoy dispuesta a ayudar cuando murió su madre y Herbert tenía solo tres años? ¿Dónde estuvieron todos cuando tenía siete años e intentaba recuperarse del abuso físico o cuando era un adolescente que lidiaba con drogas y alcohol? ¿Dónde estuvieron cuando volvió de Vietnam traumatizado y discapacitado?

Herbert hizo una solicitud peculiar a una semana de su ejecución. Quería que le pidiera a los guardias que reprodujeran una grabación de su himno favorito cuando estuviera caminando a la silla eléctrica. Vi cuando uno de los oficiales llevó la cinta. Empezaron a sonar las notas tristes de "The Old Rugged Cross" mientras se llevaban a Herbert lejos de mí.

Hubo algo vergonzoso durante toda esa experiencia que no podía quitarme de la cabeza. Todos en la prisión parecían estar envueltos en una nube de pesar y remordimiento. Los oficiales de la prisión se habían preparado para llevar a cabo la ejecución, pero incluso ellos parecían incómodos y de algún modo avergonzados. Quizás era mi imaginación, pero parecía que todos reconocían que lo que estaba ocurriendo estaba mal. Una cosa es creer en la pena máxima y otra totalmente distinta es la realidad de matar sistemáticamente a quienes ya no son una amenaza.

No podía dejar de pensar en ello de camino a casa. Pensaba en la familia de Herbert y en la familia de la víctima. Pensaba en el oficial de visitas, los oficiales del Departamento Correccional y los hombres que afeitaron el cuerpo de Herbert para que pudieran matarlo con mayor eficiencia. Pensaba en los oficiales que lo habían atado a la silla. Y no podía dejar de pensar que nadie podía creer *realmente* que electrocutar a alguien era algo bueno o necesario.

Al día siguiente, la prensa publicó varios artículos sobre la ejecución. Algunos funcionarios públicos expresaron su alegría y emoción de que hubiera ocurrido una ejecución, pero yo sabía que ninguno de ellos realmente había tenido que supervisar los pormenores de la muerte de Herbert. No podía dejar de pensar que no invertimos mucho tiempo en reflexionar sobre lo que involucra asesinar a alguien.

Regresé a mi oficina al día siguiente con la energía renovada. Tomé los archivos de otros casos, incluyendo el de Walter McMillian, y actualicé los planes de cómo ayudar a cada cliente para maximizar las probabilidades de evitar una ejecución. Poco después me di cuenta de que mi nueva determinación no podía cambiar mucho. Realmente solo intentaba reconciliarme con la realidad de la muerte de Herbert. La práctica legal me brindó el mismo consuelo de siempre. Estaba decidido a contratar personal y obtener los recursos necesarios para responder a los crecientes retos de brindar asistencia legal a condenados a muerte. Al final del día, estaba convencido de que todo iba a mejorar, pese a sentir un gran peso sobre mis hombros.

CAPÍTULO CINCO

La comunidad

La esposa de Walter, Minnie Belle McMillian y su hija Jackie, me esperaban con paciencia el día que visité por primera vez la casa en ruinas de los McMillian en Repton, ubicada a un lado de la carretera principal de camino a Monroeville.

Había sido un largo día. No estaba seguro de qué hora era. Había pasado varias horas intensas esa mañana en el corredor de la muerte junto a Walter, revisando la transcripción de su juicio. Era importante actuar con rapidez. Debí haber regresado a Montgomery para trabajar en algunas apelaciones, pero los familiares de Walter querían conocerme y, como estaban a menos de una hora de la prisión, les prometí que iría a Monroeville a visitarlos.

Me sorprendió el profundo deterioro de la casa; era el hogar de una familia pobre. Tres bloques de hormigón sostenían el pórtico frontal y el piso de madera empezaba a pudrirse. Los marcos de las ventanas azules necesitaban una mano de pintura.

Había partes de autos abandonadas y trozos de muebles regados en el césped.

Minnie salió a la entrada y se disculpó por la apariencia del jardín mientras yo cruzaba con cuidado el pórtico. Amablemente me invitó a su casa.

—Déjame prepararte algo de comer —dijo—. Has estado en la prisión todo el día.

Minnie se veía cansada. Por lo demás, parecía una mujer paciente y fuerte, tal como la había imaginado basándome en las descripciones de Walter y nuestras conversaciones por teléfono. Dado que la fiscalía había tocado el tema del amorío de Walter con Karen Kelly en la Corte, el juicio había sido particularmente difícil para Minnie. Pero parecía seguir en pie.

—Oh, no, gracias —dije—. No hace falta. Walter y yo comimos un poco en la sala de visitas.

—En esa prisión no tienen más que frituras y sodas. Déjame cocinarte algo.

—Es muy amable de su parte, se lo agradezco, pero estoy bien. Sé que ha estado trabajando todo el día.

—Bueno, es cierto, trabajo un turno de doce horas en la planta. Esa gente no quiere saber nada de tus asuntos, si estás enferma, si padeces de los nervios… y definitivamente no quieren saber nada de tus problemas familiares.

No parecía molesta o dolida, solo triste. Se me acercó, me tomó del brazo y me llevó lentamente hasta su casa. Nos sentamos en el sofá en una sala llena de objetos. Sobre las sillas había ropa apilada; los juguetes de sus nietos estaban regados en el suelo.

—En el trabajo te dicen que vayas a trabajar y tienes que ir. Intento que ella vaya a la escuela, pero no es fácil —observó Minnie, dirigiéndose a su hija Jackie, que miraba a su madre comprensivamente.

Jackie atravesó la habitación y se sentó con nosotros. Walter y Minnie me habían mencionado varias veces a sus hijos, Jackie, Johnny y "Boot". Siempre que hablaban de Jackie decían que "estaba en la universidad". Empecé a pensar que se llamaba *Jackie está en la Universidad McMillian*. Los hijos de Walter y Minnie eran todos veinteañeros, pero seguían muy cercanos a su madre y la protegían.

Les hablé de mi reunión con Walter y discutimos lo que podíamos hacer a continuación. Me pusieron al día de todos los rumores que circulaban en la ciudad sobre el caso.

—Yo creo que fue ese anciano Miles Jackson, él es el culpable —dijo Minnie enfáticamente.

—Yo, que fue el nuevo dueño del negocio, Rick Blair —añadió Jackie—. Todos saben que encontraron la piel de un hombre blanco en las uñas de esa chica, que seguro forcejeó con quien haya sido su asesino.

Mientras hablábamos, se hizo evidente lo traumáticos que habían sido para ellos los últimos dieciocho meses desde el arresto de Walter.

—El juicio fue lo peor —dijo Minnie—. Ellos simplemente ignoraron lo que dijimos, que Johny D había estado en casa. Nadie me ha explicado por qué ignoraron eso. ¿Por qué lo hicieron? Minnie me miró como si realmente esperara que le diera una explicación.

—Ese juicio fue armado con mentiras —dije.

Tuve cuidado al compartir opiniones categóricas con la familia de Walter, ya que no había investigado lo suficiente el caso. Pero cuando leí la transcripción del juicio sentí rabia, no solo por lo injustos que habían sido con Walter, sino también por el gran peso puesto sobre toda la comunidad. Todos los integrantes de la comunidad afroamericana pobre con quienes hablé me dijeron sentirse desalentadas.

—Una mentira tras otra —dije—. Contaron tantas mentiras, que cuando ustedes empezaron a decir la verdad, era más fácil pensar que *ustedes* eran los que mentían. Tan solo leer la transcripción del juicio me resulta exasperante. Me imagino cómo se sienten ustedes.

Sonó el teléfono y Jackie dio un brinco y fue a contestar la llamada. Regresó unos minutos después.

—Eddie dijo que la gente se está impacientando. Quieren saber a qué hora va a llegar el abogado de Walter.

Minnie se puso de pie y alisó su vestido.

—Deberíamos salir ya —dijo—. Te han estado esperando todo el día.

Al ver mi confusión, Minnie sonrió.

—Le dije a los demás miembros de la familia que lo llevaríamos con ellos; es muy difícil encontrar dónde viven si nunca ha ido por allá. Las hermanas de Walter, sus sobrinos y muchos otros quieren conocerlo.

Siguiendo sus instrucciones, enrumbe por un camino de tierra largo y sinuoso, lleno de curvas imposibles, que atravesaba una zona boscosa. Llegamos hasta un corto y angosto puente por donde solo podía pasar un vehículo a la vez. Parecía inestable y tambaleante, por lo que bajé la velocidad del auto hasta detenerlo.

—Tranquilo —dijo Minnie—. No ha llovido mucho. Cuando llueve sí hay problemas.

—¿Qué tipo de problemas? —dije.

No quise sonar asustado, pero estábamos en medio de la nada y en la oscuridad de la noche, no podía ver si bajo el puente había un pantano, un arroyo o un río.

—Todo va a estar bien —dijo Jackie—. Autos pasan el puente todos los días.

Habría sido muy penoso dar la vuelta, así que pasé despacio y con cuidado por el puente y me sentí aliviado cuando llegamos al otro lado. El bosque reveló algunas casas remolque y otras casas pequeñas, hasta que finalmente encontramos a una comunidad escondida en lo profundo del bosque.

Subimos por una colina hasta llegar a una casa remolque que brillaba en la oscuridad, cubierta por la luz de una fogata que ardía dentro de un barril frente a ella. Niños pequeños jugaban alrededor y entraron al remolque al ver el auto acercarse. Cuando nos bajamos, un hombre alto nos recibió, abrazó a Minnie y a Jackie, y me dio la mano.

—Estábamos esperándolo —me dijo.— Sé que probablemente tiene mucho que hacer, pero estamos muy agradecidos de que haya venido a vernos. Me llamo Giles, soy sobrino de Walter.

Giles nos invitó a pasar. En la pequeña casa había más de treinta personas y tan pronto entré todos hicieron silencio. Uno

90 · SOLO CLEMENCIA

por uno, me ofrecieron una sonrisa. Luego, para mi sorpresa, empezaron a aplaudir. Ese gesto me dejó atónito. Nunca me habían aplaudido por llegar a un lugar. Había mujeres mayores, otras más jóvenes, hombres de la edad de Walter y varios hombres ancianos. La preocupación se notaba en sus rostros. Tan pronto cesaron los aplausos, empecé a hablar.

—Gracias, son muy amables —dije—. Me alegra conocerlos. El señor McMillian me dijo que tenía una familia numerosa, pero no esperaba encontrar a tantos aquí. Hoy me reuní con él y me pidió que les dijera lo agradecido que está con todos ustedes por apoyarlo. Espero que sepan lo importante que es su respaldo en estos momentos. Walter debe despertarse todas las mañanas en el corredor de la muerte y no es fácil. Pero sabe que no está solo. Habla de ustedes todo el tiempo.

—Siéntese, señor Stevenson —gritó alguien. Tomé asiento en un sillón que parecía reservado para mí y Minnie se sentó a mi lado.

—No tenemos nada de dinero —dijo uno de los hombres—. Se lo dimos todo al primer abogado.

—Lo entiendo y no les pediré ni un solo centavo —aclaré —. Trabajo para un bufete de abogados sin fines de lucro y el apoyo legal que brindamos no tiene costo alguno para nuestros clientes.

—¿Y usted cómo paga las cuentas? —preguntó una mujer y los demás se rieron con la pregunta.

—Recibimos donaciones de organizaciones y de personas que apoyan nuestro trabajo.

Una mujer mayor tomó la palabra. Era Armelia Hand, la hermana mayor de Walter.

—No tenemos mucho, señor Stevenson, pero usted está al cuidado de alguien que amamos —dijo—. Todo lo que tenemos es suyo, y esas personas han roto nuestros corazones. La familia hizo preguntas y habló sobre Walter, el pueblo, sobre raza, la policía, el juicio y cómo los trataban en la comunidad. Parecía haber un alivio terapéutico en compartir conmigo sus preocupaciones. Empecé a sentirme optimista al pensar que algo de la información que les brindaba podía aliviar su ansiedad. Empezamos a bromear un poco y sin darme cuenta me sentí acogido de una manera que me llenó de energía. Una mujer mayor me dio un vaso grande de té frío y sin importar que tomara mucho o poco, toda la noche lo llenó, religiosamente, una y otra vez.

Una vez avanzada nuestra conversación, Armelia Hand volvió a hablar.

—Estuvimos con él toda esa mañana —dijo—. Nosotros sabemos dónde estaba. ¡Sabemos lo que estaba haciendo! Su voz se hizo más fuerte y angustiada. La multitud en el remolque asintió con un murmullo. Era el tipo de testimonio silente de lucha y angustia que escuché durante mi niñez en una pequeña iglesia rural afroamericana.

—Casi todos los que estamos acá estuvimos junto a él, hablando, riendo, comiendo con él ese día. Y luego la policía llega a decirnos meses después que Walter mató a alguien a millas de distancia al mismo tiempo que estaba junto a nosotros. Y se lo llevan lejos a pesar de que todo es mentira.

Le costaba trabajo hablar a Minnie. Le temblaban las manos y la emoción en su voz entorpecía el camino de sus palabras.

—¡Estuvimos con él todo el día! ¿Qué se supone que debemos hacer, señor Stevenson? Díganos, ¿qué debemos hacer? —Su rostro adolorido se contrajo—. Siento que también fui condenada.

La pequeña multitud respondió a los argumentos de Minnie gritando "¡Sí!" y "¡Exactamente!".

—Siento que me condenaron al corredor de la muerte a mí también. ¿Qué podemos decirles a estos niños sobre mantenerse lejos del peligro, si puedes estar en tu propia casa, ocupándote de tus asuntos, rodeado de toda tu familia y aun así te culpan de un asesinato, de un crimen que no cometiste y te condenan a muerte?.

Me senté en aquel sofá lleno de gente, vestido de traje, mirando fijamente a aquellos rostros llenos de dolor. Al llegar no pensé que iba a ser una reunión tan intensa, pero estaban desesperados por obtener respuestas e intentaban entender una situación sin sentido. Me costaba trabajo pensar en decir algo apropiado cuando una mujer más joven, sobrina de Walter, tomó la palabra.

—Johnny D no pudo haber hecho eso. De ninguna manera —dijo ella, utilizando el apodo con el que familiares y amigos de Walter se referían a él—. Él no sería capaz de algo así.

Para entonces ya era medianoche y me tomaría al menos dos horas llegar hasta Montgomery. Me despedí y abracé prácticamente a todos antes de salir a la noche oscura.

En diciembre, rara vez hace frío durante el día en el sur de Alabama, pero de noche puede bajar la temperatura, un recordatorio de que es invierno. Como no llevaba un abrigo, después de dejar a Minnie y Jackie en su casa, manejé de vuelta a casa con la calefacción del auto al máximo. La reunión con la familia de Walter me había inspirado. Era claro que había mucha gente a la que le importaba el bienestar de Walter y quería saber cómo podía ayudar. Pero era también claro que estaban traumatizados con lo que había ocurrido. Necesitaban un lugar para compartir su dolor y confusión.

La familia de Walter y la mayoría de gente negra y pobre de su comunidad habían sido afectadas de forma similar por la condena. Estaban muy necesitados de tener la esperanza de que se hiciera justicia. Darme cuenta de esto me provocó ansiedad pero me colmó de determinación.

Me había acostumbrado a tomar muchas llamadas sobre el caso de Walter. La mayoría eran de gente pobre y negra, me ofrecían ánimo y apoyo. A veces, una persona blanca para quién Walter había trabajado también me llamaba para ofrecer su solidaridad, como lo hizo Sam Crook.

—Mis familiares fueron héroes de la Confederación —dijo Crook—. Heredé sus tierras, sus títulos y su orgullo. Amo este condado, pero sé que lo que le ocurrió a Walter McMillian no está bien.

—Aprecio su llamada —dije.

—Bueno, he decidido que no voy a permitir que lo cuelguen. Juntaré a algunos muchachos y lo liberaremos antes de que acaben con él. No voy a soportar que asesinen a un hombre bueno por algo que no hizo.

Sam Crook proclamó grandes cosas. No sabía qué responderle y solo se me ocurrió decirle:

—Bueno…, muchas gracias.

Cuando volví a ver a Walter le pregunté por Sam Crook y me dijo sonriendo:

—He trabajado varias veces para él. Ha sido muy amable conmigo. Es un tipo muy interesante.

Durante esos primeros meses, me reuní con Walter cada dos semanas y conocí algunos de sus hábitos. Walter decía "interesante" cuando quería decir "extraño" y luego de trabajar años con cientos de personas en todo el condado, se había topado con mucha gente "interesante". Mientras más insólita e inusual fuera la persona, más interesante era para Walter. "Muy interesante", "Realmente interesante" y, finalmente, "Bueno, bieeeeeeeen interesante" eran etiquetas para personajes cada vez más y más extraños. Walter era renuente a decir cosas malas de la gente. Simplemente se reía si pensaba que alguien era raro.

Walter se sentía cada vez más cómodo durante nuestras visitas y a veces hablaba de cosas que no tenían nada que ver con su caso: los guardias, otros prisioneros y la gente de su pueblo, de la cual esperaba una visita que nunca llegó. Durante nuestras conversaciones, Walter mostró una notable empatía. Pasó mucho tiempo imaginando lo que los demás pensaban y sentían. Trataba de adivinar qué frustraciones tenían los guardias para justificar los comentarios groseros que hacían. Expresó lo difícil que debe ser visitar a alguien en el corredor de la muerte.

También hablamos de la comida que le gustaba, los trabajos que tuvo de joven. Hablamos sobre raza y poder, de las cosas graciosas que veíamos y de las cosas tristes. Tener una conversación con alguien que no estaba condenado a muerte o con un guardia lo hacía sentirse bien y yo siempre pasaba tiempo adicional para hablar de cosas que no tuvieran que ver con su caso. Lo hacía no solo por él, sino también por mí. Encontré algo refrescante en los momentos que pasaba con mis clientes y no nos vinculábamos como abogado y cliente, sino como amigos. Rápidamente mi trabajo se transformó en mi vida y el caso de Walter se estaba convirtiendo en el más complicado y el que más tiempo requería de todos los casos en los que había trabajado.

—Hombre, todos estos tipos dicen que tú estás trabajando en sus casos —dijo—. Parece que nunca tienes un momento de paz.

—Bueno, todos necesitan ayuda, así que intentamos ayudarlos.

Walter tenía una mirada que nunca había visto antes. Creo que no estaba seguro de si podía darme consejos, todavía no lo había hecho. Finalmente, me miró con seriedad y dijo:

—Bueno, sabes que no puedes ayudar a todos. Te vas a matar si intentas hacerlo.

Siguió mirándome con preocupación.

—Lo sé —dije sonriendo.

—Digo, tienes que ayudarme. Golpéalos con todo lo que tengas —dijo sonriendo—. Atácalos por todos lados para sacarme de aquí. Acaba con ellos, si es necesario.

—Pelear con gigantes, matar bestias salvajes, luchar contra caimanes —dije en broma.

Mientras más tiempo pasaba con Walter, más me importaba ese hombre amable, decente y generoso. Reconocía abiertamente que había tomado malas decisiones en la vida, particularmente con las mujeres. Pero todos sus amigos, familiares y conocidos estaban de acuerdo en que, generalmente, Walter intentaba hacer lo correcto.

En todos los casos de pena de muerte, es importante pasar tiempo con los clientes. Desarrollar su confianza es necesario para sortear las complejidades de los litigios y lidiar con el estrés de una posible ejecución; es clave para realizar una defensa eficaz. Muchas veces, la vida de un cliente depende de la capacidad de su abogado para crear una narrativa que ponga en contexto y explique sus malas decisiones o comportamiento violento. Revelar cosas del pasado de alguien que nadie más conoce —cosas que pueden ser difíciles de escuchar pero que son de suma importancia— requiere confianza. Lograr que alguien reconozca que ha sido víctima de abuso sexual, negligencia o abandono no ocurre sin el tipo de consuelo que se alcanza luego de horas de esfuerzo y muchas visitas. Hablar de deportes, programas de televisión, cultura popular o de lo que sea que el cliente quiera hablar es absolutamente apropiado para construir una relación que haga posible un trabajo eficiente. Pero esta práctica también promueve lazos genuinos y eso es precisamente lo que pasó con Walter.

Poco después de mi primera visita a su familia, recibí la llamada de un joven llamado Darnell Houston, que me dijo que podía probar que Walter era inocente. Había nerviosismo en su voz, pero estaba decidido a reunirse conmigo en persona. Vivía en un sector rural del Condado de Monroe, en una granja con tierras que su familia había trabajado desde la época de la esclavitud.

Cuando llegué a su casa, salió a recibirme. Era un joven negro de unos veintitantos años y parecía preocupado. Tan pronto nos sentamos, fue directo al grano.

—Señor Stevenson, puedo probar que Walter McMillian es inocente.

—¿En serio?

—Bill Hooks miente. Me enteré de que declaró que pasó por la tintorería el día que mataron a esa chica, pero eso es mentira.

—¿Cómo lo sabes?

—Porque estuvimos trabajando juntos todo el día. En noviembre, ambos trabajamos para la tienda de repuestos NAPA. Recuerdo ese sábado cuando la chica fue asesinada, porque vi varias ambulancias y patrullas.

—¿Estabas de turno la mañana del sábado en que Ronda Morrison fue asesinada?

—Sí, señor, con Bill Hooks, desde las ocho de la mañana más o menos hasta que cerramos después del almuerzo, *luego* de que las ambulancias pasaron frente a la tienda. Las sirenas empezaron a sonar como a eso de las once de la mañana.

Bill y yo estábamos reparando un carro en NAPA. La tienda solo tiene una salida; él no salió en toda la mañana. Si dijo que pasó por esa tintorería el día que fue asesinada esa muchacha, entonces mintió.

98 · SOLO CLEMENCIA

Una de las cosas que más me exasperaron al leer la transcripción del juicio de Walter fue la evidente falta de credibilidad de los testigos de la fiscalía: Ralph Myers, Bill Hooks y Joe Hightower. Sus testimonios eran inconsistentes, disparatados y carecían completamente de veracidad. El recuento de Myers de su participación en el crimen —que Walter lo secuestró y lo obligó a llevarlo a la escena del crimen y después lo dejó ir— nunca tuvo sentido alguno. La respuesta de Hooks a cada pregunta que le hacían era repetir una y otra vez que vio a Walter McMillian salir de la tintorería con una bolsa, subirse a su camioneta *lowrider* y que un hombre blanco que conducía se lo llevó. No pudo responder a ninguna pregunta sobre qué más vio ese día o qué estaba haciendo en el área.

Mi plan era impugnar inmediatamente la sentencia de Walter en la Corte de Apelaciones de Alabama. El Estado había hecho tan poco para probar que Walter era culpable que no había muchos problemas legales para apelar, pero la evidencia en su contra era tan poco convincente que esperaba que la Corte revocara la sentencia simplemente por poco fiable. Una vez que el caso estuviera en apelación directa, no se consideraría ninguna nueva evidencia. El plazo para presentar una moción para un nuevo juicio en el tribunal de primera instancia, (la última oportunidad para introducir nuevos hechos antes de que comience una apelación,) ya había expirado. Chestnut y Boynton, los abogados de Walter durante el juicio inicial, habían presentado la moción antes de retirarse y rápidamente el juez Key la había rechazado. Darnell dijo que él les había dicho a los anteriores abogados de Walter lo que me había dicho y luego ellos lo plantearon en la moción para un juicio nuevo, pero nadie lo tomó en serio.

En casos de pena capital, rara vez se concede una moción para un nuevo juicio. Pero si el acusado afirma que nueva evidencia puede darle al caso un desenlace diferente —o socavar su credibilidad— normalmente se otorga una audiencia. Tras hablar con Darnell, consideré volver a presentar sus declaraciones antes de que el caso pasara a apelación. Quizás, solo quizás, podíamos persuadir a los oficiales de retirar los cargos contra Walter. Presenté una moción para reconsiderar la negación de un nuevo juicio para Walter. Entonces obtuve una declaración jurada (declaración oficial) de Darnell que afirmaba que el testimonio de Hooks era falso. Me tomé el riesgo de hablar con algunos abogados locales sobre si el nuevo fiscal podría reconocer que la sentencia no era confiable y apoyar un nuevo juicio si hubiera evidencia nueva y convincente.

Todavía intentaba decidir cómo proceder cuando Darnell me llamó a mi oficina.

—Señor Stevenson, tiene que ayudarme. Me arrestaron esta mañana y me llevaron a la cárcel. Acabo de salir bajo fianza.

—¿Qué?

—Les pregunté a los oficiales qué había hecho —dijo. Sonaba aterrado—. Pero simplemente llegaron, me arrestaron y me dijeron que me acusaban de perjurio.

—¿Perjurio? ¿Por lo que les dijo a los abogados del señor McMillian hace un año?

Colgué con Darnell, en *shock* y furioso. Acusar a alguien de perjurio o por mentir bajo juramento, sin una investigación previa o evidencia, era algo inaudito. La policía y la fiscalía se habían enterado de que Darnell estaba en comunicación con nosotros y decidieron castigarlo por ello. Acusar a Darnell era una señal preocupante de que los fiscales estaban dispuestos a amenazar e intimidar a quienes les llevaran la contraria.

Llamé a Tom Chapman, el nuevo fiscal federal del Condado de Monroe, para reunirnos y discutir por qué las autoridades habían arrestado a Darnell por hablar. Me habían dicho que Chapman, un antiguo abogado penalista, sería más justo y empático con un sentenciado injustamente que Ted Pearson, que había sido fiscal toda su vida. Chapman, de unos cuarenta años, había hablado públicamente sobre la necesidad de modernizar el sistema de justicia en la región. Tenía esperanzas en él.

De camino a su oficina, decidí darle una oportunidad de explicar qué estaba pasando. Era la primera vez que me reunía con alguien asociado al proceso contra Walter y no quería empezar acusándolo airadamente. Tal vez quienes habían acusado a Walter tenían información errónea o eran simplemente incompetentes. Sabía que algunos de ellos eran intolerantes y abusivos, pero supongo que me aferré a la esperanza de que podían cambiar de parecer.

El juzgado del Condado de Monroe está situado en el centro de Monroeville. Entré al edificio y caminé hasta la oficina del fiscal. Me presenté ante la secretaria, que me miró con suspicacia antes de llevarme a la oficina de Chapman.

Me había reunido antes con fiscales que vestían como si, en vez de dirigir una oficina legal, estuvieran listos para ir a cazar patos, pero Chapman fue profesional y cortés. Se acercó a mí amablemente. Me intrigaba su personalidad y esperaba tener una conversación franca con él. Luego de hablar nimiedades por un rato, fui directo al grano.

—Me preocupa mucho el caso del señor McMillian. Leí las transcripciones y, para ser honesto, tengo dudas de su culpabilidad y de la fiabilidad de su sentencia.

—Bueno, es un caso importante, sin duda —respondió—. Entiende usted que no tuve nada que ver con la acusación, ¿no?

—Sí, lo entiendo —dije y asentí.

—Este es uno de los crímenes más indignantes y escandalosos de toda la historia del Condado de Monroe y muchos están molestos con su cliente. La gente sigue enfadada, señor Stevenson. Para algunos, no hay castigo suficiente para lo que hizo Walter McMillian.

Fue un inicio decepcionante. Parecía totalmente convencido de que Walter era culpable. Pero insistí.

—Bueno, fue un crimen indignante y trágico y es entendible que la gente esté molesta —dije—. Pero no ayuda en nada condenar a la persona equivocada. Si el señor McMillian hizo algo indebido, eso debe determinarse en el juicio. Si el juicio es injusto, o si los testigos dan falsos testimonios, no podemos saber si es culpable o no.

—Bueno, puede que usted sea la única persona que piensa que el juicio del señor McMillian fue injusto. Como dije antes, no estuve involucrado con el proceso de acusación.

Empezaba a frustrarme y Chapman seguramente me vio moverme nerviosamente en mi silla. Pensé en las decenas de personas negras con las que me reuní y se quejaron amargamente de la acusación contra Walter, y empecé a darme cuenta de que Chapman era una persona ingenua, deliberadamente indiferente, o algo peor.

—No soy la única persona que desconfía del caso, señor Chapman. Hay toda una comunidad que cree que Walter McMillian es inocente, que dicen haber estado con él a millas de distancia de la escena del crimen cuando fue asesinada Ronda Morrison. Hay personas para las que Walter ha trabajado que está absolutamente convencida de que no cometió el crimen.

—He hablado con algunos de ellos y la única posibilidad es que opinen sin saber —respondió Chapman—. No conocen los hechos. Mire, puedo decirle en este momento que a nadie le importa quién se acostó con Karen Kelly. Hay evidencia que implica a Walter McMillian en este asesinato y mi trabajo consiste en defender la condena.

Chapman se volvía cada vez más beligerante y la tranquilidad de su voz se transformaba en ira.

—¿Quiere usted enjuiciar a todos los que discutan la evidencia? —dije alzando la voz.

Era exactamente lo que quería evitar, pero su actitud me indignó.

—Una acusación de perjurio parece una táctica diseñada para intimidar y disuadir a quienes tengan el valor de presentar evidencias que contradigan la tesis de la fiscalía. Los cargos contra el señor Houston parecen realmente inapropiados, señor Chapman, y jurídicamente indefendibles.

LA COMUNIDAD · **103**

Sabía que le estaba dando un discurso, pero quería que supiera que íbamos a defender a Walter con todas nuestras fuerzas.

—No se preocupe, puede que retire los cargos contra el señor Houston —dijo y su voz pasó de ser desafiante, a sonar suave y objetiva—. Ahora que el juez ha negado su moción de reabrir el caso, no tengo ningún interés en acusar a Darnell Houston. Pero sí quiero que la gente sepa que, si dan testimonios falsos sobre este caso, tendrán que enfrentar las consecuencias.

Yo estaba confundido y un poco aturdido.

—¿De qué está hablando? —pregunté—. ¿La moción de reconsideración fue rechazada?

—Sí, el juez ya negó su moción. Supongo que no recibió la copia de la orden. Él ahora está en Mobile, a veces hay problemas con el correo.

Intenté esconder lo sorprendido que estaba de la decisión de la Corte sobre la moción sin siquiera permitir una audiencia.

—¿A usted no le interesa investigar las declaraciones de Darnell Houston sobre la posibilidad de que el testigo principal del Estado haya mentido en su testimonio?

—Ralph Myers es el testigo principal del Estado.

Era claro que Chapman había leído con atención el caso, más de lo que creí inicialmente.

—Sin el testimonio de Hooks, la sentencia no sería válida —dije sin levantar la voz—. Las leyes del Estado requieren la confirmación del testimonio de un cómplice y esto únicamente puede venir del señor Hooks. El señor Houston dice que Hooks está mintiendo y eso hace que su testimonio sea clave y deba ser escuchado.

Yo sabía que tenía la razón. Sabía también que mis argumentos no iban a persuadir a Chapman, pero sentí la necesidad de exponerlos de todas formas.

Salí de su oficina sintiéndome muy frustrado. Leer las transcripciones me había mostrado que había gente dispuesta a ignorar la evidencia, la lógica y el sentido común. Su único objetivo era inculpar a alguien y asegurarle a la comunidad que el crimen había sido resuelto y el asesino castigado.

Había visto abuso de poder en casos anteriores, pero había algo especialmente perturbador en este caso, donde se estaba victimizando no solo a un acusado sino también a toda una comunidad. Presenté una pila de mociones en el caso de Darnell simplemente para asegurarme que supieran que les daríamos pelea.

A Darnell le emocionó saber que iban a retirar los cargos en su contra, pero la experiencia lo había dejado muy afectado.

—Señor Stevenson, lo único que quería hacer era decir la verdad —dijo—. No puedo ir a la cárcel y, para serle honesto, esa gente me da miedo.

—Te entiendo —respondí—. Pero lo que hicieron es ilegal y quiero que sepas que no hiciste nada malo. Ellos son los que actuaron de una manera muy, muy inapropiada. Quieren intimidarte.

Le recordé que yo era ahora su abogado y que podía remitirme cualquier persona que le causara problemas. Parecía un poco aliviado, pero cuando me fui seguía bastante nervioso.

Me subí a mi auto y supe que si todos los que intentaban ayudarnos eran amenazados, iba a ser muy difícil probar que Walter era inocente. ¿Arrestar a alguien por presentar evidencia creíble que cuestionaba la solidez de una condena capital por asesinato? Mientras más lo pensaba, más desorientado e indignado me sentía. También me hacía pensar. Si arrestaban a personas que decían cosas inconvenientes, ¿cómo reaccionarían si los desafiábamos con más fuerza?

CAPÍTULO SEIS

Condenados

"Es solo un niño". Era tarde y había atendido una llamada después de horas de trabajo porque no había nadie más en el edificio; se había convertido en un mal hábito. La mujer mayor, al otro lado de la línea, me rogaba que la ayudara, luego de darme una sincera descripción de su nieto, que había sido encarcelado bajo cargos de asesinato.

—Ha estado en la cárcel por dos noches y no puedo hablar con él —dijo—. Estoy en Virginia y soy una mujer muy enferma. Por favor, dígame que me puede ayudar.

Dudé antes de responderle. En esa época unos pocos países permitían aplicar la pena de muerte a menores de edad y Estados Unidos era uno de ellos. Muchos de mis clientes en Alabama estaban en el corredor de la muerte por crímenes de los cuales fueron acusados cuando tenían dieciséis o diecisiete años.

Muchos Estados habían modificado sus leyes para que fuera más fácil enjuiciar a niños como si fueran adultos y mis clientes cada vez eran más jóvenes. Alabama tenía más menores de edad sentenciados a muerte per cápita que cualquier otro Estado y más que cualquier país del mundo. Estaba decidido a manejar la creciente demanda de nuestros servicios tomando nuevos casos únicamente si el cliente enfrentaba una ejecución o si habían sido condenados formalmente a muerte.

La escuché murmurar y me di cuenta de que estaba rezando. Esperé a que terminara y le dije:

—Señora, no puedo tomar el caso de su nieto, pero mañana puedo ir a la cárcel y hablar con él. Veré qué puedo hacer. Es posible que no seamos capaces de representarlo legalmente, pero puedo averiguar qué está pasando y quizás podemos encontrar un abogado que los ayude.

—Señor Stevenson, se lo agradezco mucho.

Estaba cansado y me sentía agobiado por el número de casos a mi cargo. Pero debía ir al tribunal cerca del condado donde estaba ese muchacho, así que me era muy sencillo ir a verlo.

La mañana siguiente, conduje por más de una hora. Cuando llegué al tribunal, revisé el expediente del joven, que básicamente confirmaba lo que me había contado su abuela.

Charlie tenía catorce años. Pesaba menos de cien libras y medía apenas cinco pies de altura. No tenía antecedentes criminales: ningún arresto ni mala conducta en la escuela; no había cometido actos delictivos ni comparecido anteriormente en un tribunal. Era un buen estudiante que había ganado varios diplomas por no faltar a clases en su escuela. Para su madre, era un "gran chico" y bien portado. Pero Charlie, según su propio testimonio, había disparado y asesinado a un hombre llamado George.

George era el novio de la madre de Charlie. Ella sabía que su relación con él era un error. En numerosas ocasiones, George llegaba a casa ebrio y comenzaba a actuar violentamente. A causa de las golpizas inmisericordes que George le daba a la madre de Charlie, ella requirió atención médica tres veces durante el año y medio que culminó la noche en que Charlie le disparó a George. Ella nunca rompió con George ni lo obligó a irse de la casa.

La noche del tiroteo, Charlie y su madre estaban jugando cartas cuando George volvió a casa muy ebrio. "Oye, ¿dónde estás?", gritó tan pronto cruzó la puerta. La pareja había discutido horas antes, porque ella le había rogado que no saliera porque temía que él volviera a casa borracho. Ahora ella lo miraba con rabia parado ahí y apestando a alcohol. Él la miró con desprecio y repentinamente le dio un golpe en la cara. Ella no esperaba que George la golpeara tan rápida y violentamente; nunca la había golpeado de esa manera. La madre de Charlie cayó al suelo.

Charlie estaba detrás de ella y observo horrorizado cuando su cabeza golpeó contra la encimera metálica de la cocina mientras iba cayendo al suelo. George miró a Charlie antes de pasar a su lado hacia el dormitorio, lugar donde Charlie lo escuchó tumbarse sobre la cama. La madre de Charlie estaba en el suelo, inconsciente y sangrando excesivamente. Se arrodilló a su lado e intentó reanimarla de forma frenética. El niño empezó a llorar e inútilmente le preguntó a su madre qué hacer. Rápidamente buscó una toalla en la cocina porque pensó que con eso podría parar el sangrado. La encontró alrededor de una maceta sobre la estufa. Su madre había hecho de cenar frijoles de ojo negro, que a Charlie le encantaban. Cenaron juntos antes de empezar a jugar pinochle, su juego de cartas favorito.

Charlie le rogaba muy suavemente a su madre que despertara, cuando de repente le pareció que ella había dejado de respirar. Pensó en llamar a una ambulancia, pero el teléfono estaba en la habitación de George. George nunca había golpeado a Charlie, pero igual le daba mucho miedo.

Había silencio dentro de la casa. El único sonido que se escuchaba era el pesado aliento de George en la otra habitación; pronto empezó a roncar.

La madre de Charlie llevaba quince minutos sin moverse y pensó que estaba agonizando o que ya había muerto. Tenía que llamar a la ambulancia. Charlie se puso de pie, muy ansioso y con cautela entró al cuarto de George. Charlie vio al novio de su madre dormido en la cama y sintió un terrible odio hacia ese hombre. Nunca le había agradado y no entendía por qué su madre permitía que viviera con ellos. A George tampoco le agradaba Charlie; pocas veces había sido amable con él. Su madre le había dicho que George podía ser un hombre dulce, pero Charlie nunca sintió esa dulzura. El niño sabía que la primera esposa e hija de George habían muerto en un accidente automovilístico y la madre de Charlie le había dicho que por eso tomaba tanto. Durante los dieciocho meses que George había vivido con ellos, a los ojos de Charlie, todo era violencia, discusiones a gritos, golpes, amenazas y problemas. Su madre había dejado de sonreír como antes; se había vuelto una mujer nerviosa y se asustaba con facilidad. *Y ahora*, pensó Charlie, *está en el suelo de la cocina, muerta.*

Charlie fue hasta la cómoda que estaba contra la pared más lejana del cuarto, donde estaba el teléfono. Pero cuando llegó hasta allí, no entendió por qué simplemente no tomó el auricular. Realmente nunca pudo explicar por qué, en lugar de eso, abrió una de las gavetas de la cómoda, metió la mano bajo una pila de camisetas blancas que su mamá había lavado, y buscó el arma que George mantenía escondida. Nunca había disparado un arma, pero sabía que podía hacerlo.

Charlie caminó hasta la cama con los brazos estirados y apuntando el arma a la cabeza de George. Mientras Charlie se agachaba sobre él, el novio de su madre dejó de roncar. Hubo total silencio en la habitación y ahí fue cuando Charlie haló el gatillo.

El sonido del disparo fue más fuerte de lo que Charlie había esperado. El arma se sacudió y empujó a Charlie hacia atrás; desbalanceado, casi cayó al suelo. Volteó a ver a George y cerró los ojos con fuerza; era una escena horrible. De nuevo sintió que empezaba a temblar y fue entonces que escuchó a su madre gemir en la cocina. No podía creer que estuviera viva. Charlie fue hasta el teléfono y llamó al 911, luego se sentó junto a su madre hasta que llegó la policía.

Luego de conocer la historia de Charlie, pensé que ninguna Corte del país sería capaz de enjuiciarlo como un adulto. Según el archivo y las anotaciones realizadas durante la comparecencia inicial, el fiscal no discutió las declaraciones de Charlie y su madre. Continué mi lectura y entonces descubrí que George era un agente local de la policía. "George fue un oficial de la policía que sirvió con honores", argumentó el fiscal. "Es una gran pérdida para el condado y una tragedia que una persona tan buena haya sido asesinada de una forma tan despiadada por este muchacho". El fiscal insistió en que Charlie debía ser juzgado como adulto y anunció que su intención era obtener la pena máxima permitida por la ley. El juez estuvo de acuerdo y Charlie fue llevado de inmediato a la cárcel del condado para adultos.

La pequeña cárcel del condado estaba ubicada frente al juzgado. Salí a la calle y caminé a la cárcel para ver a Charlie. Era obvio que los carceleros no recibían a abogados que no eran del pueblo por motivo de visitas legales. El oficial me vio con suspicacia y me hizo pasar a una salita de reuniones, donde esperé un rato. Desde que terminé de leer el expediente de Charlie, no pude dejar de pensar en lo trágico del caso y mis pensamientos sombríos corrieron libres hasta que un guardia hizo entrar a empujones a un niño pequeño a la sala. El joven se veía muy pequeño, delgado y demasiado aterrado como para tener catorce años. Miré al carcelero y parecía igual de sorprendido que yo cuando ese muchacho tan bajito y atemorizado apareció frente a mí. Le pedí que le quitara las esposas. Así lo hizo y salió de la sala de reuniones.

Charlie se sentó al otro lado de la mesa. Habían pasado tres días desde su arresto.

—Charlie, mi nombre es Bryan —dije—. Tu abuela me llamó y me pidió que viniera a verte. Soy abogado y ayudo a personas que se metieron en problemas o fueron acusados de crímenes, y me gustaría ayudarte.

El muchacho no me miraba a los ojos. Era diminuto, pero tenía unos ojos grandes y hermosos. Llevaba el cabello corto, lo cual lo hacía verse incluso más joven. Me pareció que tenía tatuajes o símbolos en el cuello, pero al verlo detenidamente me di cuenta de que eran golpes y moretones.

—Charlie, ¿estás bien?

Él veía con intensidad la pared a mi izquierda, como si hubiera algo ahí. Su mirada vacía estaba tan llena de terror que tuve que voltear a ver si acaso había algo interesante detrás de mí, pero era solo una pared vacía. Esperé pacientemente, con la esperanza de que Charlie dijera algo, pero la sala se quedó en silencio. Él miraba la pared y luego miraba sus muñecas mientras se frotaba la piel magullada por las esposas.

—Charlie, quiero asegurarme de que estás bien, así que necesito que respondas algunas preguntas, ¿sí? —dije.

Sabía que podía escucharme. Cada vez que yo hablaba, levantaba la cabeza y volvía a mirar a la pared.

—Charlie, si yo fuera tú, también estaría muy asustado y preocupado en este momento, pero también querría que alguien me ayudara. Me gustaría ayudarte, ¿sí?

Esperé una respuesta, pero no dijo nada.

—Charlie, ¿puedes hablar? ¿Estás bien? —No dijo ni una sola palabra—. No tenemos que hablar de George. No tenemos que hablar de lo que ocurrió. Podemos hablar de lo que tú quieras. ¿Hay algo de lo que te gustaría hablar?

Esperé más y más entre cada pregunta, esperando desesperadamente que dijera algo, pero no fue así.

—¿Quieres hablar de tu mamá? Ella va a estar bien. Ya revisé y, a pesar de que no puede venir a verte, va a estar bien. Está preocupada por ti.

Pensé que, al hablar de su madre, algo cambiaría en su mirada, pero no fue así. Entonces me preocupé aún más por ese niño.

Me senté a su lado.

—Charlie, tienes que hablar conmigo —le dije—. No puedo ayudarte si no hablas. ¿Podrías decirme cómo te llamas? Di algo, por favor.

Seguía mirando a la pared atrás. Me senté en la silla a su lado y me acerqué a él.

—Charlie, lo lamento si estás molesto, pero, por favor, habla conmigo —dije muy suavemente—. No puedo ayudarte si no hablas conmigo.

Él se recostó en su silla por primera vez; su cabeza casi rozó la pared que estaba detrás de nosotros. Acerqué mi silla y me recosté. Nos quedamos así un rato, en silencio, hasta que empecé a decir cosas tontas porque no sabía nada más qué hacer.

—Bueno, no me quieres decir qué estás pensando, entonces supongo que voy a tener que decirte a ti lo que yo estoy pensando. Te apuesto a que crees saber lo que estoy pensando —bromeé—, pero la verdad es que no tienes idea de lo que hay en mi cabeza. Es probable que creas que estoy pensando en leyes, en el juez o la policía o por qué este muchacho no quiere hablar conmigo, pero estoy pensando en comida. Así es. Estoy pensando en pollo frito y coles verdes cocidas con carne de pavo y bizcochos de batatas... ¿Alguna vez has probado bizcochos de batatas?

Nada todavía. Seguí hablando.

—Estoy pensando en comprarme un auto nuevo porque mi auto ya está muy viejo.

Esperé y nada.

—Charlie, se supone que debes decir: "¿Qué tan viejo es tu auto, Bryan?" y, entonces, te digo que mi auto es tan viejo que...

Charlie no sonrió ni respondió en modo alguno. Simplemente tenía la mirada fija en el mismo lugar en la pared y su rostro parecía congelado por la tristeza. Después de un momento volví a intentarlo.

—Vamos, Charlie, dime qué pasa. Tienes que hablar conmigo, hijo.

Empecé a acercarme como jugando, hasta que se inclinó hacia adelante y, finalmente, sentí que se me acercaba. Aproveché para poner un brazo sobre sus hombros y de inmediato comenzó a temblar. El temblor de su cuerpo se intensificó hasta que finalmente se recostó sobre mí y empezó a llorar. Puse mi cabeza junto a la suya y dije:

—Está bien, todo está bien.

El chico todavía lloraba cuando finalmente habló conmigo. Pronto me di cuenta de que no hablaba de lo que había pasado con George o su mamá, hablaba de lo que había vivido en la cárcel.

—Tres hombres me hicieron daño la primera noche. Me tocaron y me obligaron a hacer cosas—dijo. Las lágrimas le corrían.

Su voz sonaba aguda y tensa de angustia—. Volvieron la noche siguiente y me lastimaron —prosiguió cada vez más conmocionado. Finalmente me miró a los ojos por primera vez—. Fueron tantos anoche. No sé cuántos fueron, pero me hicieron daño…

Lloraba con tal intensidad que no podía terminar de decir lo que quería. Me tomó del saco con una fuerza que no imaginé que tuviera.

—Todo va a estar bien, todo va a estar bien —le dije con suavidad mientras lo sostenía.

Nunca había abrazado a alguien que me apretara con tanta fuerza como ese muchacho... o que llorara con tanta intensidad o por tanto tiempo. Parecía que nunca se quedaría sin lágrimas. Le prometí que intentaría sacarlo de ese lugar de inmediato. Me rogó que no me fuera, pero le prometí que regresaría al día siguiente. Ni siquiera hablamos del crimen.

Cuando salí de la cárcel, estaba más enojado que triste. Seguía preguntándome: ¿Quién es el responsable de esto? ¿Cómo pudimos permitir que esto pasara? Fui directamente a la oficina del alguacil y le expliqué lo que el muchacho me había dicho. El alguacil no me prestó mucha atención. Le dije que iba a ir a hablar con el juez y aceptó transferir al chico de inmediato a un área protegida. Cuando le dije al juez y al fiscal que el muchacho había sido sexualmente abusado, aceptaron enviarlo, en las horas siguientes, a un centro de menores.

Decidí tomar el caso. Finalmente logramos que el proceso de Charlie fuese transferido a una Corte de menores, donde el crimen fue clasificado como delito juvenil. Eso significaba que Charlie no sería enviado a una prisión para adultos y era probable que fuese liberado en unos pocos años, antes de que cumpliera dieciocho. Visité a Charlie con regularidad, con el tiempo comenzó a recuperarse. Era un chico inteligente y sensible, atormentado por lo que le habían hecho y lo que le había tocado vivir.

Durante una charla que di en una iglesia meses después, hablé de Charlie y de los problemas de los menores encarcelados. Al terminar, una pareja mayor se acercó e insistieron en que querían ayudar a Charlie. Intenté disuadir a estas amables personas de pensar que podían hacer algo, les di mi tarjeta y les dije que podían llamarme. No esperaba saber de ellos, pero días después me llamaron y fueron muy persistentes. Finalmente, acordamos que le escribirían una carta a Charlie y que yo se la haría llegar. Cuando la recibí semanas después, la leí. Era una carta extraordinaria.

El señor y la señora Jennings eran una pareja blanca de más de setenta años, de una comunidad al noreste de Birmingham. Eran amables y generosos, miembros activos de la Iglesia Metodista Unida. Hablaban con suavidad y parecían siempre estar sonriendo, siempre se presentaban como personas genuinas y compasivas. Se vestían como granjeros y eran dueños de diez acres de tierra donde cultivaban vegetales y llevaban una vida sencilla. Su único nieto, al cual ayudaron a criar, se había suicidado cuando era adolescente y desde entonces llevaban luto por él. Su nieto tuvo problemas de salud mental durante toda su corta vida, pero era un chico inteligente y ellos habían estado ahorrando dinero para sus estudios universitarios. En su carta, explicaron que querían usar el dinero que habían ahorrado para ayudar a Charlie.

Eventualmente, Charlie y los Jennings empezaron a enviarse cartas con regularidad, un día se conocieron en persona en el centro de detención para menores. Luego me dijeron que de inmediato supieron que lo amaban. La abuela de Charlie falleció pocos meses después de la primera vez que me llamó y su madre seguía lidiando con sus problemas tras la tragedia y el homicidio que resultó en el encarcelamiento de su hijo. Charlie se había mostrado aprensivo de conocer a los Jennings, porque pensaba que no les iba a agradar, pero cuando se fueron me dijo lo reconfortantes y cariñosos que habían sido con él. Esa pareja se convirtió en su familia.

Intenté advertirles que no esperaran mucho de Charlie luego de que fuera liberado.

—Saben, ha pasado por muchas cosas duras —les dije—. No estoy seguro de que pueda continuar con su vida como si nada hubiera pasado. Quiero que entiendan que es probable que no sea capaz de hacer todo lo que ustedes quisieran que haga.

Sin embargo, los Jennings no aceptaron mis advertencias.

—Sé que algunas personas han tenido que vivir más cosas que otras —me dijo la señora Jennings—, pero si no esperamos más de los demás, si no tenemos esperanza en los demás, si no pensamos que podemos recuperarnos del dolor que hemos soportado, entonces estamos condenados.

Los Jennings ayudaron a Charlie a obtener su título de equivalencia general mientras estuvo en prisión e insistieron en pagar por sus estudios universitarios. El día que fue liberado, los Jennings estaban ahí, junto a su madre, para llevarlo de vuelta a casa.

CAPÍTULO SIETE

Justicia denegada

Había presentado un extenso escrito sobre el caso de Walter McMillian a la Corte de Apelaciones de Alabama, en el que reclamaba lo siguiente:

Falta de evidencia.

Testimonios poco confiables.

Mala conducta del fiscal.

Selección de jurado discriminatoria por raza.

Cambio inapropiado de sede.

Incluso discutí la decisión del juez Robert E. Lee Key Jr. de anular la sentencia de cadena perpetua dictada por el jurado, aunque, en verdad, reducir la pena de muerte de un hombre inocente a cadena perpetua habría sido todavía un fracaso para el sistema de justicia.

La apelación de Walter fue denegada. La Corte rechazó todos mis argumentos, con lo cual reafirmó la condena a muerte en un documento de setenta páginas. Fue desolador.

No pensé que algo así podía ocurrir. Durante las argumentaciones orales meses antes, entrando al imponente edificio judicial de Alabama y ubicándome en la gran sala de apelaciones, había tenido esperanza. El edificio estaba ubicado frente a la histórica iglesia bautista de la avenida Dexter, donde el doctor Martin Luther King Jr. había sido pastor durante el boicot de autobuses de Montgomery. El lugar se encontraba, además, a una calle del capitolio del estado, que estaba adornado con la bandera de batalla de la Confederación.

El juez principal de la Corte era el antiguo gobernador John Patterson, que había sido noticia en todo el país en los años sesenta, por haber sido un oponente feroz a los derechos civiles y la integración racial, con el apoyo del Ku Klux Klan. Cuando fue fiscal general, antes de ser gobernador, Patterson prohibió que la Asociación Nacional para el Progreso de las Personas de Color (NAACP, por sus siglas en inglés) operara en Alabama y bloqueó los boicots y las manifestaciones a favor de los derechos civiles. Como gobernador, evitó que miembros de la policía brindaran protección a los llamados Freedom Riders, un grupo de activistas y estudiantes universitarios negros y blancos que viajaron al sur a inicios de la década de los sesenta, para luchar en contra de la segregación en instalaciones públicas, en reconocimiento a las nuevas leyes federales. Cuando el autobús de los Freedom Riders pasó por Alabama, la policía los abandonó. Solos y desprotegidos, fueron víctimas de ataques violentos, y los opositores destruyeron el autobús con una bomba.

A pesar de saber de eso, me obligué a mantener la esperanza. Eso había pasado hacía mucho tiempo. Durante mi discurso, los cinco jueces que conformaban la Corte me miraban con curiosidad, pero hicieron pocas preguntas. Decidí pensar que su silencio significaba que estaban de acuerdo conmigo.

Manejé a la cárcel para poner a Walter al día con el caso. No dijo nada mientras le explicaba la situación, pero en su rostro había desesperación. Había intentado prepararlo para la posibilidad de que nos tomara años revertir su condena, pero él se mantenía esperanzado.

—Esas personas jamás admitirán que cometieron un error, —dijo cabizbajo—. Saben que yo no lo hice. Pero no pueden admitir que cometieron un error porque eso los haría quedar mal.

—Apenas estamos empezando, Walter —comenté—. No saben lo que nosotros sabemos sobre tu inocencia. Tan pronto les presentemos la nueva evidencia, cambiarán de parecer.

A pesar de todo lo que había pasado, mi esperanza era genuina. En primer lugar, luego de presentar el documento de la apelación, había seguido investigando el caso profusamente. Finalmente había sido capaz de contratar algunos abogados más para EJI, lo cual me dio tiempo para encontrar aún más evidencia de la inocencia de Walter.

Una nueva contratación fue Michael O'Connor, cuya pasión por ayudar a quienes estaban en problemas provenía de su propia lucha contra la drogadicción años antes. Michael era hijo de inmigrantes irlandeses y había crecido en las afueras de Filadelfia, en un barrio problemático de clase obrera. Durante su lucha por dejar la adicción, su familia nunca lo abandonó. Sus logros académicos lo llevaron hasta la Escuela de Leyes de Yale, pero su corazón seguía conectado a todo el desamparo que sus años en la calle le habían mostrado. Era la contratación perfecta para EJI.

Sin dudarlo, se unió al caso de Walter McMillian y empezó a trabajar conmigo. Pasamos días siguiendo pistas, entrevistando a decenas de personas, persiguiendo rumores absurdos e investigando diferentes teorías. La ayuda de Michael fue vital y estaba agradecido por tener finalmente a alguien con quien compartir la locura del caso, justo cuando descubría que el caso era más loco de lo que pensaba.

Después de meses de investigación, descubrimos no solo que Bill Hooks había mentido, sino que el alguacil Tate le había pagado cinco mil dólares por testificar contra Walter. También descubrimos que Hooks había sido puesto en libertad inmediatamente después de declarar ante la policía que había visto el camión *lowrider* de Walter en la tintorería el día del asesinato. Los registros de la Corte revelaron que el fiscal federal y el alguacil, que son oficiales del condado, de alguna manera habían retirado multas y cargos *municipales* contra Hooks, pese a no tener ninguna autoridad en Cortes municipales. Según precedentes de la Corte Suprema de los Estados Unidos, el Estado estaba obligado legalmente a revelar todo esto a los abogados de Walter antes del juicio.

Pero, por supuesto, no lo hicieron.

También encontramos al hombre blanco que estaba a cargo de la tienda el día que Ralph Myers había llegado con la intención de darle una nota a Walter. El dueño de la tienda compartió lo que recordaba de ese día: Myers le había preguntado cuál de los tantos hombres negros en la tienda era Walter McMillian. El dueño de la tienda fue firme al declarar que Myers nunca había visto a Walter McMillian.

En el sótano de una iglesia, la hermana de Walter encontró volantes que anunciaban que iba a haber un almuerzo en casa de Walter y confirmaban que el evento ocurrió el mismo día del asesinato de Ronda Morrison. Incluso localizamos a Clay Kast, el mecánico blanco que había ayudado a Walter a modificar su camioneta para convertirla en un *lowrider*. Él nos confirmó que hicieron ese trabajo más de seis meses *después* del asesinato de Ronda Morrison. Esto probaba que la camioneta de Walter McMillian no había sido modificada ni tenía adiciones específicas y, por lo tanto, no pudo haber sido la misma que describieron Myers y Hooks en el juicio.

Me sentía bien con el progreso que estábamos logrando, cuando recibí una llamada que se convertiría en el avance más significativo del caso.

—Señor Stevenson —dijo la voz—, soy Ralph Myers.

Antes de poder reponerme de la sorpresa, volvió a hablar.

—Creo que necesita venir a verme. Tengo algo que decirle.

Michael y yo habíamos empezado a correr algunas millas todas las noches, después del trabajo, para relajarnos de las cada vez más largas jornadas laborales. Esa noche, Michael y yo hablamos de Myers mientras corríamos.

—¿Por qué Myers nos llama ahora? —preguntó Michael—. ¿Te puedes imaginar yendo al juzgado a inventar una historia que condene a muerte a un hombre inocente? No estoy seguro de que podamos confiar en lo que diga.

—Bueno, puede que tengas razón —contesté—. Pero recibió mucha ayuda para armar ese testimonio. Recuerda que ubicaron a Myers en el corredor de la muerte para obligarlo a hacer algunas de esas declaraciones. ¿Quién sabe? Puede que ahora esté en contacto con la fiscalía y esto sea una trampa para intentar engañarnos.

No había considerado seriamente que la llamada de Myers fuera una trampa hasta esa noche. Pensé de nuevo en lo sórdido que había sido Myers durante el juicio. Michael y yo estuvimos de acuerdo en que, según lo que dijera, Myers podía cambiarlo todo para nosotros. Su testimonio y sus extrañas acusaciones eran la base del caso que armó el Estado.

Tras leer el testimonio de Myers y revisar los registros disponibles sobre él, me enteré de que tenía un pasado trágico y una compleja personalidad. Walter y su familia lo habían descrito como un hombre malvado, por las mentiras que había dicho durante el juicio. Para Walter, uno de los elementos más perturbadores del juicio fue la experiencia de ser el objeto de mentiras de alguien que ni siquiera conocía. Le conté a Walter que había recibido una llamada de Myers y que queríamos escuchar lo que quería decirnos.

—Ten cuidado —me advirtió Walter—. Myers es una serpiente.

Tres días después, Michael y yo hicimos un viaje de dos horas hasta la prisión de máxima seguridad de Springville, donde Myers permanecía encarcelado. Atravesamos una serie de puertas de metal muy seguras hasta el área de visitas. Había máquinas expendedoras y pequeñas mesas rectangulares, donde los reclusos podían reunirse con sus familiares. Pusimos nuestros cuadernos y lapiceros sobre una mesa y caminamos por la habitación, esperando.

Cuando Myers apareció, me sorprendió lo viejo que se veía. Tenía el cabello gris, lo que lo hacía verse frágil y vulnerable. Era más bajito de lo que esperaba. Su testimonio había causado tanta angustia a Walter y su familia que, en mi mente, yo lo imaginaba como alguien imposible de enfrentar. Caminó hacia nosotros, pero se detuvo tan pronto vio a Michael.

—¿Quién es él? —preguntó nervioso—. No me dijo que vendría con alguien más.

Myers tenía un pesado acento sureño. De cerca, sus cicatrices lo hacían inspirar más lástima que peligro o vileza.

—Él es Michael O'Connor. Es un abogado que trabaja en mi bufete y trabaja conmigo en el caso de Walter.

—Bueno, algunas personas me dijeron que podía confiar en usted. No sé nada de él.

—Le prometo que es un hombre digno —aseguré y volteé a

ver a Michael, que hacía su mayor esfuerzo por parecer confiable—. Por favor, tome asiento.

Myers vio a Michael con escepticismo y se sentó lentamente. Mi plan era asegurarle tranquilidad, diciéndole que lo único que queríamos era conocer la verdad. Pero antes de poder decirle algo, Myers soltó:

—Mentí. Todo lo que dije durante el juicio de McMillian fue una mentira. No puedo dormir por las noches y he sufrido mucho por esto. No puedo quedarme callado durante más tiempo.

—¿El testimonio que dio durante el juicio de Walter McMillian fue una mentira? —pregunté con cautela.

Mi corazón latía con fuerza, pero intenté mantener la calma. Temía que, si daba la impresión de estar demasiado ansioso, demasiado sorprendido —demasiado *lo que sea*—, Myers daría marcha atrás.

—Todo fue una gran mentira. Lo que le voy a decir lo dejará boquiabierto, señor Stevenson.

—Señor Myers, sabe que voy a necesitar que me diga la verdad no solo a mí, sino también a la Corte. ¿Está dispuesto a hacer eso?

Estaba nervioso de presionar a Myers tan pronto, pero necesitaba hablar claro. No quería una confesión privada.

—Por eso lo llamé —dijo.

Parecía sorprendido de que hubiera alguna duda sobre sus intenciones.

—Formo parte de una clase de terapia grupal, donde uno debe ser honesto. Hemos hablado de la honestidad por tres meses. La semana pasada, algunos hablaron de las desgracias que vivieron cuando eran niños y de las cosas malas que han hecho.

Myers hablaba con una creciente vehemencia.

—Hasta que les dije: "Bueno, yo les gano a todos. Hice que condenaran a muerte a un pobre hombre mintiendo en la maldita Corte". —Hizo una pausa dramática—. Luego que confesé lo que había hecho, todos me dijeron que tenía que enmendar ese error. Eso es lo que intento hacer.

Hizo otra pausa para permitirme asimilar sus palabras.

—Oigan, ¿me van a comprar un refresco o voy a sentarme aquí todo el día viendo las máquinas expendedoras mientras me confieso? —Sonrió por primera vez desde que empezó la reunión. Michael dio un brinco y fue a comprarle una soda.

—Sunkist Orange —dijo Myers—, si hay.

Por más de dos horas, Ralph respondió a nuestras preguntas. Al final, tal y como advirtió, me dejó boquiabierto.

Nos dijo que el alguacil y la ABI lo habían amenazado con condenarlo a muerte si no testificaba contra Walter McMillian.

Habló sobre la corrupción dentro del sistema legal, de su participación en el asesinato de Vickie Pittman y reveló los intentos previos de retractarse de su testimonio contra Walter.

Al final, Myers admitió que no sabía *absolutamente nada* del asesinato de Ronda Morrison, que no tenía idea de lo que había pasado con ella o detalle alguno de ese crimen.

Dijo que les había dicho a muchas personas —desde el rango más bajo hasta el fiscal federal— que había sido forzado a dar un testimonio falso en contra de Walter.

Incluso si solo la mitad de lo que dijo Myers era verdad, muchos de los involucrados en el caso sabían, de boca del propio acusador, que Walter McMillian no había tenido nada que ver con el asesinato de Ronda Morrison.

Ralph Myers iba por su tercera lata de *Sunkist Orange* cuando detuvo su torrente de confesiones, se inclinó hacia adelante y nos hizo señas para que nos acercáramos. Se dirigió a Michael y a mí con susurros.

—Saben que van a intentar matarlos si realmente intentan llegar al fondo de todo esto, ¿no?.

Con el tiempo entendimos que Myers no podía terminar una reunión sin antes agregar una predicción, observación o comentario final dramático. Le dije que tendríamos cuidado.

De regreso a Montgomery, Michael y yo debatimos cuánto podíamos confiar en Myers. La historia que contó en la Corte fue tan ridícula que era fácil creer que lo habían obligado a mentir. Pero era más difícil evaluar el tipo de corrupción que acababa de revelar. Myers ahora declaraba que había asesinado a Vickie Pittman bajo la dirección de otro alguacil del área. Nos presentó una red conspirativa que involucraba a la policía y en la que había tráfico de drogas y lavado de dinero. Era un relato fantástico.

Pasamos las siguientes semanas rastreando las pistas que Myers nos había dado. Dijo que no conocía a Walter, que solo sabía de él a través de Karen Kelly, así que decidimos confirmar la historia con Kelly, que estaba recluida en la Prisión para Mujeres

Julia Tutwiler, donde cumplía una condena de diez años por el asesinato de Vickie Pittman. Los guardias nos dijeron que esperáramos a Karen en una habitación pequeña donde no había nada más que una mesa cuadrada.

Kelly era una mujer blanca, delgada, de unos treinta y tantos años, que entró a la habitación sin esposas ni inmovilizadores. Me sorprendió lo cómoda que se veía. Me dio la mano con confianza y saludó a Michael moviendo la cabeza. Se sentó y de inmediato dijo que Walter había sido inculpado y que se sentía agradecida de poder finalmente decírselo a alguien. Empezamos a interrogarla y rápidamente confirmó que Myers no sabía de Walter antes del asesinato de Ronda Morrison.

—Ralph es un tonto —dijo—. Pensó que podía confiar en esos policías corruptos y permitió que lo convencieran de decir que estaba involucrado en un crimen del que no sabía nada. Ha hecho tantas cosas malas en la vida, que no necesitaba inventarse más.

Aunque estaba calmada al inicio de nuestra conversación, se estremecía cada vez más a medida que detallaba los eventos que rodeaban el caso. Lloró más de una vez. Habló llena de remordimiento sobre cómo había perdido el control de su vida cuando empezó a abusar de las drogas. Estaba particularmente indignada de que Walter estuviera en el corredor de la muerte.

—Siento que es culpa mía que él esté en prisión. Sé que no es el tipo de persona que mataría a alguien. Lo sé —dijo y su voz se hizo más amarga—. He cometido muchos errores en mi vida, pero esas personas deberían estar avergonzadas. Han hecho tanto mal como yo. El alguacil Tate solo tenía una cosa en mente.

Una y otra vez decía: "¿Por qué te gusta acostarte con ellos?". Fue horrible. Él es una persona horrible.

Karen hizo una pausa y miró sus manos.

—Pero yo también soy una persona horrible. Miren lo que hice —dijo con tristeza.

Michael y yo decidimos invertir más tiempo investigando el asesinato de Vickie Pittman. Esperábamos que si entendíamos el caso Pittman y documentábamos otras falsedades que Myers hubiera dicho al respecto, podríamos refutar aún más la credibilidad del caso Morrison.

El asesinato de Vickie Pittman estaba casi olvidado. Los oficiales del Condado de Monroe habían reducido las condenas de Myers y Kelly a cambio de que Myers testificara contra Walter. Cómo lograron reducir las condenas del caso Pittman, que estaba en un condado fuera de su jurisdicción, era un misterio. Myers insistió que otros, además de él y Kelly, estaban involucrados en el asesinato de Vickie Pittman, incluyendo un alguacil corrupto del área. Myers nos dijo que habían asesinado a Vickie porque había amenazado con revelar casos de corrupción.

Por algunos reportes policiales, nos enteramos de que el padre de Vickie Pittman, Vic Pittman, había sido implicado en la muerte de su hija, pero nunca lo acusaron formalmente. Vickie Pittman tenía dos tías, Mozelle y Onzelle, que habían estado recogiendo información y buscando desesperadamente respuestas a las preguntas que rodeaban la muerte de su sobrina. Ambas aceptaron con entusiasmo hablar con nosotros.

Mozelle y Onzelle eran dos mujeres blancas de origen rural, de mediana edad y, además, hermanas gemelas. Se referían a sí mismas como "rudas y del campo" y afirmaban ser personas temerarias, implacables e imposibles de intimidar. Nos invitaron a su casa, nos sentamos en la mesa de la cocina y fuimos directo al grano.

—¿Su cliente mató a nuestra bebé? —preguntó Mozelle con contundencia.

—No, señora. Sinceramente creo que no lo hizo.

—¿Saben quién lo hizo?

—Bueno, no del todo —suspiré—. Hablamos con Ralph Myers. Creemos que él y Karen Kelly estuvieron involucrados, pero Myers insiste en que otros también participaron.

Mozelle se volteó a ver a Onzelle y se recostó en el asiento.

—Sabemos que hay más personas involucradas —dijo Onzelle—. Las hermanas expresaron las sospechas sobre su hermano y los agentes de la policía local. Dijeron que el fiscal les había faltado el respeto y las había ignorado.

—Nos trataron como si fuéramos ciudadanas de segunda categoría. No les importamos en lo más mínimo —dijo Mozelle con rabia—. Pensé que trataban mejor a las víctimas. Pensé que nuestra voz tenía algún valor.

Para la década de 1980, había emergido un nuevo movimiento dentro del sistema de justicia y parecía existir una actitud más atenta a la perspectiva de las víctimas de crímenes y sus familias. El problema era que no todas las víctimas recibían el mismo trato o respeto. Como Mozelle y Onzelle pronto descubrieron, enfocarse en el estatus social de la víctima se convirtió en una manera más en que el sistema de justicia criminal favorecía a algunos y desfavorecía a otros, específicamente a víctimas pobres y de grupos minoritarios.

Pensemos en el caso de la Corte Suprema McCleskey vs. Kemp, que presentó evidencia empírica convincente de que la raza de la víctima es el factor más importante para determinar quién recibe la pena de muerte en los Estados Unidos. El estudio realizado para ese caso reveló que los criminales en Georgia eran once veces más propensos a recibir la pena de muerte si la víctima era blanca. Estos hallazgos eran idénticos en cualquier Estado donde se hicieron estudios sobre raza y pena de muerte. En Alabama, aunque el 65% de todas las víctimas de homicidios eran *negros*, casi el 80% de las personas en el corredor de la muerte estaban ahí por crímenes contra víctimas blancas. La figura de acusado negro y víctima blanca aumentaba aún más las probabilidades de una sentencia de muerte.

Muchas víctimas pobres, de grupos minoritarios, o víctimas con familiares encarcelados, aseguraban que no recibían llamadas o apoyo de la policía o los fiscales locales. Si una persona fue asesinada o sufrió el horror de una violación o una agresión sexual, puede que se ignore o no se tome en serio la situación de la familia de la víctima. La expansión de los derechos de las víctimas finalmente formalizó lo que siempre había sido una realidad: que algunas víctimas reciben más protección y son más valiosas que otras.

Más que cualquier otra cosa, fue la falta de interés y atención de la policía, fiscales y servicios de ayuda a las víctimas los que devastaron a Mozelle y Onzelle. "Ustedes son los primeros que vienen a nuestra casa y pasan tiempo con nosotras para hablar de Vickie", nos dijo Onzelle. Luego de escuchar por tres horas sus desgarradoras reflexiones, les prometimos que haríamos lo posible para averiguar quién más estuvo involucrado en la muerte de su sobrina Vickie.

Estábamos llegando a un punto donde, sin acceso a archivos y registros policiales, no podíamos avanzar. Dado que el caso estaba pendiente de resolución y en proceso de apelación en la Corte Suprema de Alabama, el Estado no tenía obligación de mostrarnos esos documentos. Así que decidimos presentar lo que se conoce como la petición de la Regla 32, que nos pondría de vuelta en un tribunal de primera instancia con la oportunidad de presentar nueva evidencia y obtener pruebas, y esto incluía acceso a archivos estatales.

Las peticiones de la Regla 32 requieren que los solicitantes incluyan reclamos que no fueron o no pudieron ser planteados durante un juicio o en el proceso de apelaciones. Eran el vehículo para cuestionar una condena basándose en consejería inefectiva, la incapacidad del Estado para revelar evidencia y, lo más importante, nueva evidencia de inocencia. Michael y yo hicimos una petición que hacía todos estos reclamos, incluyendo mala conducta policial y de la fiscalía, y la presentamos circuito de Cortes del Condado de Monroe.

El documento señalaba que Walter McMillian había sido juzgado, condenado injustamente y sentenciado de forma ilegal. Esto atrajo mucha atención en Monroeville. Habían pasado ya tres años desde el juicio. La mayoría asumía que la culpabilidad de Walter era un hecho y que lo único por hacer era esperar que se fijara una fecha de ejecución.

Sorprendentemente, la Corte Suprema de Alabama aceptó suspender (o poner en pausa) nuestro proceso de apelación para que pudiéramos presentar nuestra petición de la Regla 32. Esto indicaba que la Corte vio que había algo inusual en el caso de Walter, que requería una revisión más exhaustiva en tribunales de instancias menores. El juez de la Corte del Condado de Monroe ahora estaba obligado a revisar nuestro caso y podía ser forzado a dar lugar a nuestras mociones de descubrimiento, lo cual suponía la apertura de todos los archivos policiales y expedientes fiscales. Era un avance positivo.

Necesitábamos tener otra reunión con el fiscal Chapman y, esta vez, iríamos armados con una orden de la Corte que lo obligaba a entregar todos los archivos del caso. También nos reuniríamos en persona con los oficiales de la ley involucrados en la acusación contra Walter: el investigador del fiscal del distrito, Larry Ikner; el agente de la ABI, Simon Benson, y el alguacil Tom Tate.

Cuando llegamos a la oficina de Chapman en el juzgado del Condado de Monroe, los hombres ya estaban ahí. Tate era un hombre blanco, alto y corpulento, había llegado a la reunión en botas, *jeans* y una camisa ligera. Ikner era blanco, de unos cuarenta y tantos años, y vestía igual que Tate. Ninguno de los dos sonreía mucho. Sabían que los acusábamos de mala conducta.

—¿Cuánto les paga Johnny D? —preguntó Tate, refiriéndose a Walter por su apodo.

—Trabajamos para una organización sin fines de lucro. No le cobramos un centavo a las personas que representamos —contesté con suavidad y cortesía.

—Seguro reciben dinero de algún lado para hacer lo que hacen.

Decidí ignorar su comentario y continuar con el proceso.

—Pensé que sería una buena idea firmar algo que verificara que estos son todos los archivos que tienen sobre este caso —expliqué luego de que nos entregaron sus documentos. Quería asegurarme de que nos habían entregado *todo*.

—No tenemos que ser tan formales, Bryan —dijo Chapman al ver que mi sugerencia había provocado a Tate e Ikner—. Estos hombres son oficiales de la Corte, como tú y yo. Deberías tomar los documentos y listo.

—Bueno, puede que se hayan perdido o traspapelado documentos sin querer. Solo trato de dejar constancia de que lo que recibimos es lo que ustedes nos están entregando: el mismo número de páginas, las carpetas con los mismos nombres, etcétera. No dudo de la integridad de nadie.

—Es obvio que sí —soltó Tate sin rodeos y le dio un vistazo a Chapman—. Podemos firmar algo que confirme lo que le estamos entregando. Creo que podríamos necesitar un registro de esto más que él.

Chapman asintió la cabeza. Recibimos los archivos y nos

fuimos de Monroeville muy expectantes de lo que podíamos encontrar en los cientos de páginas de registros que acabábamos de recibir. De vuelta en Montgomery, empecé a revisar los documentos con entusiasmo.

Los archivos eran asombrosos. Recibimos registros de Taylor Hardin, el centro de salud mental donde Myers fue enviado la primera vez que se negó a testificar. Recibimos el archivo de la ABI de Simon Benson, el único agente negro de la ABI en el sur de Alabama, según nos había dicho orgullosamente. Recibimos los registros del Departamento de Policía de Monroeville y de otras ciudades. Incluso recibimos los registros del Condado de Escambia sobre el asesinato de Vickie Pittman.

Inspirados por las elaboradas conspiraciones que Myers había descrito, rápidamente empezamos a preguntar sobre algunos agentes de la policía cuyos nombres aparecían una y otra vez en el expediente del asesinato de Pittman. Incluso decidimos hablar con el FBI sobre algunos de nuestros descubrimientos.

Pronto empezamos a recibir amenazas de bombas.

CAPÍTULO OCHO

Todos los hijos de Dios

LÁGRIMAS QUE NO SE LLORAN

Imagina lágrimas que no se lloran
del dolor atrapado en tu interior,
esperando escapar
por las ventanas de tus ojos.

"¿Por qué no nos dejas salir?",
preguntan las lágrimas a la conciencia.
"Renuncia a tus miedos y tus dudas,
y cúrate en el proceso".

La conciencia dijo a las lágrimas:
"Sé que de verdad quieren que llore,
pero si acabo con su esclavitud,
morirán al ganar su libertad".

Las lágrimas lo pensaron un poco
antes de responder a la conciencia:
"Si llorar te otorga el triunfo,
la muerte no es tan desastrosa".

Ian E. Manuel. Institución Correccional de la Unión

Trina Garnett era la menor de doce hermanos en una familia que vivía en el área más pobre de Chester, Pensilvania, en las afueras de Filadelfia. Chester tenía altísimos índices de pobreza, criminalidad y desempleo, y el peor sistema de educación pública entre los 501 distritos de Pensilvania. Casi el 46% de los niños de Chester vivían bajo la línea de pobreza en el país.

El padre de Trina, Walter Garnett, era un exboxeador cuya carrera fallida lo convirtió en un alcohólico violento y abusivo. La madre de Trina, Edith Garnett, era propensa a enfermedades tras dar a luz a tantos hijos, algunos de los cuales fueron el resultado de violaciones cometidas por su esposo. Walter golpeaba, pateaba y abusaba verbalmente de Edith frente a sus hijos. Cuando Edith perdía el conocimiento durante las golpizas, Walter le introducía un palo por la garganta para despertarla y continuar abusando de ella. No había sitio seguro en la casa de los Garnett. Trina una vez vio a su padre estrangular a su perro para acallarlo, porque no dejaba de ladrar. El hombre golpeó al animal con un martillo hasta matarlo y tiró su cuerpo por la ventana.

Dos de las hermanas de Trina, Lynn y Lynda, eran gemelas y un año mayor que ella. Le enseñaron, cuando era muy pequeña, a jugar a ser "invisible" para protegerla de su papá cuando volvía borracho al apartamento y buscaba a sus hijos cinturón en mano para golpearlos. Le enseñaron a Trina a esconderse bajo la cama o dentro de un clóset y permanecer lo más callada posible.

Trina mostró síntomas de discapacidad intelectual y otros problemas desde muy pequeña. Siendo bebé, se enfermó gravemente por ingerir un líquido inflamable cuando nadie cuidaba de ella. A los cinco años, accidentalmente se prendió en llamas, lo que le provocó quemaduras severas en el pecho, estómago y la espalda. Luego de semanas en el hospital, su cuerpo quedó terriblemente cubierto de cicatrices. Tenía nueve años cuando murió su madre.

Poco después, el padre de Trina empezó a abusar sexualmente de sus hermanas mayores y ellas huyeron de casa. Luego empezó a abusar de Trina, Lynn y Lynda. Las chicas también huyeron y empezaron a deambular por las calles de Chester. Trina y sus hermanas comían de los basureros. A veces pasaban días sin comer. Dormían en parques y baños públicos. Las chicas se quedaron un tiempo con su hermana mayor, Edy, hasta que el esposo de Edy empezó a abusar sexualmente de ellas. Sus hermanos mayores y sus tías a veces las ayudaban acogiéndolas temporalmente, pero la violencia o la muerte muchas veces interrumpían estos arreglos y entonces Trina se veía obligada a vagar nuevamente por las calles.

La muerte de su madre, el abuso y circunstancias abrumadoras empeoraron los problemas emocionales y psicológicos de Trina. A veces estaba tan enferma que sus hermanas le pedían a algún familiar que la llevara al hospital, pero como no tenía ni un centavo, nunca podía quedarse internada lo suficiente como para estabilizarse o lograr una completa recuperación.

Una noche de agosto de 1976, Trina, de catorce años y su amiga Francis Newsome, de dieciséis, treparon la ventana de una casa para hablar con los chicos que vivían ahí. La madre de los niños les había prohibido jugar con Trina, pero ella quería verlos. Una vez dentro de la casa, Trina encendió fósforos para iluminar su camino y encontrar la habitación de los muchachos. Trina provocó que la casa se incendiara. El fuego se propagó con rapidez y dos niños que estaban dentro de la casa durmiendo murieron asfixiados por el humo. La madre de los chicos acusó a Trina de empezar el incendio intencionalmente, pero ella y su amiga insistieron en que había sido un accidente.

La muerte de los niños traumatizó a Trina, que apenas podía hablar cuando la policía la arrestó. Era tan poco funcional y estaba tan apática que el abogado que le asignaron pensó que era incompetente y no podía afrontar un juicio. Sin embargo, no presentó las mociones pertinentes para argumentar la declaración de incompetencia, que habría atrasado el juicio hasta que Trina fuera capaz de defenderse. Su abogado (que tiempo después perdió el derecho de ejercer y fue enviado a la cárcel por conducta delictiva) nunca discutió la decisión del Estado de enjuiciar a Trina como adulta. Como resultado, fue obligada a enfrentar cargos de homicidio en segundo grado en un juzgado para adultos. Durante el juicio, Francis Newsome testificó contra ella a cambio de que sus cargos fueran retirados. Trina fue hallada culpable y el juicio pasó a fase de sentencia.

La ley de sentencias de Pensilvania era inflexible: la única sentencia para aquellos hallados culpables de asesinato en segundo grado era cadena perpetua obligatoria sin opción de libertad condicional. El juez Reed, quien presidió el caso, expresó dudas sobre la sentencia que fue obligado a imponer, considerando las circunstancias devastadoras de la vida de Trina y el hecho de que no había tenido la intención de dañar a nadie. "Este es el caso más triste que he visto", escribió el juez. Por un crimen trágico cometido a los catorce años, Trina fue condenada a morir en prisión.

A los dieciséis años, Trina atravesó las puertas de la Institución Correccional Estatal en Muncy, una prisión para mujeres adultas. Estaba aterrada y aún padecía los efectos del trauma y los problemas emocionales. Era una chica extremadamente vulnerable y sabía que jamás iba a recuperar su libertad. La prisión solucionaba para Trina la incertidumbre de vivir en la calle, pero presentaba nuevos retos y peligros. Poco después de llegar a Muncy, un oficial penitenciario la llevó a un área apartada y la violó.

El crimen salió a la luz cuando Trina salió embarazada. Como pasa con regularidad, el oficial penitenciario fue despedido, pero no enfrentó cargos. Trina permaneció en prisión y dio a luz a un niño esposada a una cama. No fue hasta el 2008 que la mayoría de los Estados del país dejaron de encadenar o esposar a las reclusas durante el parto.

A Trina le quitaron el bebé y lo llevaron en una casa de crianza. Estaba devastada y su salud mental empeoró. Con los años, se volvió menos funcional y aumentaron sus limitaciones intelectuales. Su cuerpo empezó a sufrir espasmos y temblores incontrolables, hasta que necesitó usar un bastón y luego una silla de ruedas. A los treinta años, los doctores de la prisión le diagnosticaron esclerosis múltiple, discapacidad intelectual y enfermedad mental a causa de sus traumas.

En el 2014, Trina cumplió cincuenta y dos años. Había pasado treinta y ocho años en prisión; una de las casi quinientas personas en Pensilvania condenadas a cadena perpetua, sin posibilidad de libertad condicional, por crímenes que fueron acusados de cometer cuando tenían entre trece y diecisiete años. Como jurisdicción, Pensilvania tiene la población más grande de menores condenados a morir en prisión en todo el mundo.

En 1990, Ian Manuel y otros dos muchachos intentaron asaltar a una pareja que había salido a cenar, en Tampa, Florida. Ian tenía trece años. Cuando Debbie Baigre se resistió al robo, Ian le disparó con una pistola que había recibido de muchachos mayores que él. La bala atravesó la mejilla de Baigre y destrozó varios de sus dientes, lo que le provocó un gran daño a su mandíbula. Los tres chicos fueron arrestados y acusados de robo a mano armada e intento de homicidio.

El abogado asignado a Ian lo convenció de que se declarara culpable, prometiéndole que su sentencia sería de no más de quince años en prisión. El abogado no se dio cuenta de que dos de los cargos contra Ian podían dar pie a cadena perpetua sin posibilidad de libertad condicional. El juez aceptó la declaración de Ian y lo sentenció a cadena perpetua sin posibilidad de libertad condicional. Aunque apenas tenía trece años, el juez condenó a Ian por vivir en las calles, por no tener una buena supervisión parental, por arrestos anteriores por hurto en tiendas y delitos menores contra la propiedad. Ian fue enviado a una prisión para adultos, la Institución Correccional Apalachee, una de las prisiones más implacables de Florida. Los menores de edad encarcelados en prisiones para adultos son cinco veces más propensos a ser víctimas de abusos sexuales, así que el personal de Apalachee ubicó a Ian, que además era muy pequeño para su edad, en confinamiento solitario.

Estar en confinamiento solitario en Apalachee significa vivir en una caja de concreto de seis por seis pies. Recibes la comida a través de una ranura en la puerta, no ves a otros reclusos y nunca tocas o te acercas a otro ser humano. Si te "comportas mal" respondiéndole a los guardias o negándote a seguir una orden, te obligan a dormir en el suelo de concreto sin colchón. Si gritas o vociferas, aumenta tu tiempo en confinamiento solitario. Si te lastimas negándote a comer o mutilando tu cuerpo, se extiende tu encierro en confinamiento solitario. Si te quejas con los guardias o dices algo amenazante o inapropiado, se extiende tu tiempo en confinamiento solitario. Tienes derecho a tres duchas a la semana y a 45 minutos en una jaulita para hacer ejercicio algunas veces a la semana. Fuera de eso, permaneces en solitario, encerrado en tu caja de concreto, semana tras semana, mes a mes.

En confinamiento solitario, Ian se convirtió en lo que él mismo describió como "un cortador". Empezó a tomar objetos afilados que recibía con su bandeja de comida para hacerse daño. Su salud mental cayó en picada e intentó suicidarse varias veces.

144 · SOLO CLEMENCIA

Cada vez que se hacía daño o se comportaba mal, se extendía su aislamiento en confinamiento solitario.

Ian pasó dieciocho años consecutivos en confinamiento solitario.

Una vez al mes, Ian tenía permitido hacer una llamada. Poco después de llegar a prisión, durante la Nochebuena de 1992, aprovechó su llamada para hablar con Debbie Baigre, la mujer a la que le había disparado. Cuando ella atendió la llamada, Ian lanzó una emotiva disculpa, expresó su culpa y arrepentimiento. A la señora Baigre le sorprendió escuchar la voz del chico que le había disparado, pero esa llamada la conmovió. Se había recuperado físicamente del balazo y entrenaba duro para convertirse en una fisicoculturista exitosa y había fundado una revista enfocada en la salud femenina. Esa sorprendente primera llamada condujo a una comunicación regular por cartas. Ian había sido descuidado y desatendido por su familia antes de que ocurriera el crimen. Lo abandonaron a su suerte y empezó a vagar por las calles con escaso apoyo de sus padres o parientes. Durante el confinamiento, conoció a pocos reclusos o trabajadores de la prisión. Mientras se hundía más y más en la desesperación, Debbie Baigre se convirtió en una de las pocas personas en su vida que lo motivaron a permanecer fuerte.

Luego de varios años en contacto con Ian, Baigre mandó una carta a la Corte y le dijo al juez que lo había sentenciado, que la condena era demasiado cruel y que las condiciones de confinamiento eran inhumanas. Intentó hablar con funcionarios de la prisión y dio entrevistas a la prensa para llamar la atención sobre el caso de Ian. "Nadie sabe mejor que yo lo destructivo e imprudente que fue el crimen que cometió, pero lo que actualmente le estamos haciendo es ruin e irresponsable", le dijo a un reportero. "Cuando Ian cometió este delito, era apenas un niño, un chico de trece años con muchos problemas, sin supervisión adulta y sin acceso a ningún tipo de ayuda. Nosotros no somos niños".

Las cortes ignoraron la petición de Debbie de reducir la sentencia de Ian.

Para el 2010, el Estado de la Florida había sentenciado a más de cien niños a cadena perpetua sin la posibilidad de libertad condicional por delitos distintos al homicidio. Todos los niños condenados de menor edad —trece y catorce años— eran negros o latinos. Florida tenía la población más grande del mundo de niños condenados a morir en prisión por crímenes distintos al homicidio.

El área del centro-sur de Los Ángeles donde vivía Antonio Nuñez estaba plagada de violencia de pandillas. La madre de Antonio empujaba a sus hijos al suelo cada vez que había tiroteos fuera de su casa, en donde vivían muchas personas. Algunos vecinos, inclusive, habían muerto porque una bala los alcanzó en medio del fuego cruzado.

La vida familiar de Antonio también era turbulenta. Desde que estaba en pañales, soportó golpizas de su padre, que lo golpeaba con la mano abierta, los puños, con un cinturón y cables de corriente, lo que le causó heridas y cortes. También fue testigo de peleas familiares en las que sus padres peleaban con violencia y amenazaban con matarse el uno al otro. Una vez incluso llamó a la policía. Antonio empezó a experimentar terribles pesadillas en las que despertaba gritando. Su madre sufría de depresión y lo había abandonado; cuando Antonio lloraba, ella simplemente lo dejaba solo. La única actividad de Antonio a la que ella recuerda haber asistido, fue la graduación del curso de Educación y Resistencia al Abuso de Sustancias (DARE, por sus siglas en inglés) en la escuela primaria.

En septiembre de 1999, un mes después de cumplir trece años, Antonio Nuñez montaba bicicleta cerca de su casa cuando un extraño le disparó en el estómago, el costado y el brazo. Antonio colapsó en la calle. Su hermano de catorce años, José, lo escuchó gritar y corrió a socorrerlo. A José le dispararon en la cabeza y murió. Antonio sufrió graves heridas internas y pasó semanas en el hospital.

Su madre lo mandó a vivir con familiares en Las Vegas, donde intentó recuperarse de la trágica muerte de su hermano. Antonio se sentía aliviado de haber dejado atrás las pandillas y la violencia del centro-sur de Los Ángeles. Ayudaba en casa y pasaba las noches haciendo la tarea con ayuda del esposo de su prima.

Pero un año después, las autoridades de libertad condicional de California ordenaron que volviera a Los Ángeles. Antonio estaba en libertad condicional por una ofensa menor. La policía persigue frecuentemente a los chicos afroamericanos y de color en barrios urbanos pobres en todo Estados Unidos. Incluso si muchos de estos niños no han hecho nada malo, son detenidos, se asume su culpabilidad y se les considera sospechosos de ser peligrosos o de participar en actividades criminales. Las detenciones aleatorias, interrogatorios y el hostigamiento aumentan dramáticamente el riesgo de arrestos por delitos menores. Muchos niños desarrollan antecedentes criminales por conductas que los niños de mayores recursos adoptan sin enfrentar consecuencias.

Antonio fue obligado a volver al centro-sur de Los Ángeles y tuvo problemas. Una corte luego descubrió que "por vivir a pocas cuadras donde fue herido y su hermano asesinado, Nuñez mostró síntomas de trauma que incluían recuerdos... y una intensa necesidad de protegerse de amenazas reales o percibidas como tales". Consiguió un arma para defenderse, pero rápidamente lo arrestaron por tenerla y lo enviaron a un centro de detención para menores. Sus supervisores reportaron que Antonio respondía positivamente al ambiente estructurado del lugar y a la guía del personal.

Tras volver del centro de detención, con catorce años, Antonio recibió la invitación a una fiesta donde dos hombres que le doblaban la edad lo hicieron parte de un extraño plan. Planearon un secuestro falso para obtener dinero de un familiar que pagaría el rescate. Le insistieron a Antonio que los ayudara. La supuesta víctima estaba en el asiento trasero de un auto, mientras que un hombre de nombre Juan Pérez iba al volante y Antonio en el asiento del copiloto. Antes de llegar a su destino donde iban a recibir el dinero de la recompensa, se dieron cuenta de que dos hombres latinos en una furgoneta gris los seguían de cerca. En algún momento, Pérez y el otro hombre le dieron a Antonio un arma y le dijeron que le disparara a la furgoneta, y entonces se produjo un tiroteo a alta velocidad. Los hombres del vehículo gris eran policías encubiertos, pero Antonio no sabía cuándo les disparó. Cuando una patrulla se unió a la persecución, Antonio arrojó el arma justo antes que el auto se estrellara contra unos árboles. Nadie resultó herido, pero Antonio y Pérez fueron acusados de secuestro agravado e intento de homicidio, por haberles disparado a los oficiales.

Antonio y su coacusado de veintisiete años fueron juzgados en un juicio conjunto. Ambos fueron hallados culpables. El juez del Condado de Orange sentenció a Antonio a cadena perpetua y argumentó que era un peligroso pandillero que nunca podría cambiar ni rehabilitarse, pese a su pasado complicado y la ausencia de antecedentes criminales significativos. El juez envió a Antonio a una peligrosa prisión para adultos en California donde los reclusos viven en situación de hacinamiento. A los catorce años, Antonio se convirtió en la persona más joven en los Estados Unidos en ser condenada a morir en la cárcel por un crimen donde nadie resultó herido físicamente.

Buena parte de los adultos condenados por los crímenes como los que acusaron a Trina, Ian y Antonio no son sentenciados a cadena perpetua sin opción a libertad condicional. ¿Por qué entonces estos adolescentes sí?

El sistema de justicia juvenil varía en Estados Unidos, pero la mayoría de los Estados habrían mantenido a Trina, Ian y Antonio en prisiones para menores hasta que cumplieran dieciocho o veintiún años. A lo sumo, habrían permanecido en custodia hasta los veinticinco años o unos años más, si su historial dentro de la institución o los registros juveniles de detención sugerían que aún representaban una amenaza para la seguridad pública.

En otras épocas, si el acusado tenía trece o catorce años al cometer un delito, enfrentaba el sistema penitenciario para adultos solo si el crimen era de alto perfil o si lo cometía, en el Sur, un menor de edad de raza negra en contra de una persona blanca, Por ejemplo, en el infame caso de los chicos Scottsboro de la década de 1930, dos de los acusados, Roy Wright y Eugene Williams, tenían apenas trece años cuando fueron acusados injustamente por violación y condenados a muerte en Alabama.

A finales de los años ochenta e inicios de los noventa, la política del miedo y la ira arrasó con el país, y el encarcelamiento masivo, que iba en aumento, empezó a enfocarse en niños. Reconocidos criminólogos predijeron una nueva generación de "superdepredadores". A veces enfocándose específicamente en niños afroamericanos y de color, los teóricos sugirieron que Estados Unidos pronto se vería tomada por "jóvenes de primaria que llevan armas en vez de almuerzos a la escuela" y que "no tienen respeto alguno por la vida humana". Casi todos los Estados del país crearon leyes que permitían enjuiciar a niños como si fueran adultos. Consideraban que el sistema de justicia juvenil no era lo suficientemente duro con ellos. Muchos Estados redujeron o incluso eliminaron la edad mínima para juzgar a un niño como adulto, lo cual vulneraba a niños de hasta ocho años y los hacía susceptibles de acusaciones legales y encarcelamiento.

150 · SOLO CLEMENCIA

Decenas de miles de niños que previamente habían sido procesados por el sistema de justicia juvenil, que contaba con protecciones bien diseñadas y requisitos para menores de edad, ahora eran lanzados a un sistema carcelario para adultos violento, desesperado y cuyos reclusos, cada vez más, vivían en hacinamiento.

Las predicciones de los "superdepredadores" fue completamente desacertada. La población de jóvenes condenados a crímenes en Estados Unidos aumentó entre 1994 y 2000, pero la tasa de delincuencia juvenil disminuyó, lo cual provocó que los académicos que originalmente habían apoyado la teoría de los "superdepredadores" la rechazaran. Por supuesto que esto ocurrió muy tarde para niños como Trina, Ian y Antonio.

Cuando años después, acepté ser el representante legal de Trina, Ian y Antonio, los tres habían sido destruidos por años de desesperanza. Ocultos y atrapados en prisiones para adultos, se sentían anónimos y olvidados. Con poco apoyo familiar o ayuda externa, cada uno de ellos luchaba por sobrevivir en ambientes peligrosos y aterradores. Había miles de niños como ellos, repartidos en prisiones en todo el país; niños que habían sido sentenciados a cadena perpetua sin opción a libertad condicional y otras condenas extremas. De inmediato fue evidente que sus extremas e injustas condenas eran apenas uno de los tantos problemas que debían superar. Nuestro sistema de justicia había herido y traumatizado a cada uno de ellos.

La salud mental y física de Trina hizo que su vida en prisión fuese demasiado complicada. Agradecía nuestra ayuda y mostró mejoras notables cuando le dijimos que íbamos a pelear para reducir su condena, pero tenía muchas otras necesidades. Hablaba constantemente del deseo de ver a su hijo. Quería tener la certeza de que no estaba sola en el mundo. Ubicamos a sus hermanas y gestionamos una visita para que Trina pudiera estar un rato con su hijo, esto pareció fortalecerla de una manera que no pensé posible.

Tomé un vuelo a California para reunirme con Antonio en una prisión de máxima seguridad dominada por guardias, pandilleros agresivos y frecuentes actos de violencia. Era un ambiente que corrompía el desarrollo humano sano de muchas maneras. Leer siempre había sido un reto para Antonio, pero estaba tan decidido a aprender que leía un párrafo una y otra vez buscando palabras desconocidas en el diccionario que le enviamos. Le mandamos también una copia de *El origen de las especies* de Charles Darwin, esperando que lo ayudara a entender mejor a quienes lo rodeaban.

Resultó ser que Ian era un chico brillante. Pese a que ser sensible e inteligente hizo particularmente destructivo el tiempo que pasó en confinamiento solitario, logró educarse a sí mismo, leer cientos de libros, escribir poesía y cuentos que reflejaban su impresionante intelecto. Me envió docenas de cartas y poemas llenos de reflexiones.

Decidimos publicar un reporte para llamar la atención sobre la precaria situación de los niños condenados a morir en prisión en Estados Unidos. Quise fotografiar a algunos de nuestros clientes para darles rostro a los niños condenados a cadena perpetua sin opción de libertad condicional. Florida era uno de los pocos Estados que permitía que fotógrafos ingresaran a prisión, así que consultamos a funcionarios carcelarios si permitirían que Ian saliera por una hora de ese confinamiento solitario en el que no podía hacer contacto con nadie, para que el fotógrafo que contratamos le tomara algunas fotografías. Para mi deleite, aceptaron. Tan pronto acabó la visita con el fotógrafo, Ian me escribió una carta.

Querido señor Stevenson:

Espero que esta carta lo encuentre con buena salud y que todo le vaya bien. El punto principal de esta carta es para agradecerle por la sesión de fotos con el fotógrafo y para obtener información de cómo puedo recibir una buena cantidad de fotos.

Como sabe, he estado en confinamiento solitario por, aproximadamente, 14.5 años. Es como si el sistema me hubiera enterrado vivo y todos en el mundo exterior pensaran que estoy muerto. Esas fotos significan mucho para mí en este momento. En este momento, todo lo que tengo en mi cuenta de recluso son $1.75. ¿Cuántas fotos podría comprar si le envío $1.00 de mi dinero?

En mi euforia por la sesión de fotos, olvidé mencionarle que hoy, 19 de junio, es el cumpleaños de mi difunta madre. Sé que no tiene gran importancia, pero tras un momento de reflexión me pareció simbólico y especial que la sesión de fotos ocurriera el día del cumpleaños de mi madre.

No sé cómo hacerle sentir la emoción y la importancia que esas fotos tienen para mí, pero para serle honesto, ¡quiero mostrarle al mundo que sigo con vida! ¡Quiero ver esas fotos y sentirme vivo!

Realmente me ayudaría a lidiar con mi dolor. Me sentí dichoso hoy durante la sesión de fotos. No quería que terminara. Cada vez que ustedes me visitan y luego se van, siento tristeza. Pero capturo esos momentos y los aprecio con el tiempo, los reproduzco en mi mente y me siento agradecido por la interacción y el contacto humano. Pero hoy, el simple hecho de darnos la mano fue un elemento adicional que recibí con alegría en esta vida privada de experiencias sensoriales.

Por favor, dígame cuántas fotos puedo recibir. Quiero esas fotos de mí mismo. Las deseo <u>casi</u> tanto como deseo mi libertad.

Gracias por hacer posible que ocurran muchos de los eventos positivos que están pasando en mi vida. No sé exactamente cómo la ley lo llevó hasta mí, pero le doy gracias a Dios por eso. Aprecio todo lo que usted y EJI hacen por mí. Por favor, envíeme algunas fotos, ¿sí?

CAPÍTULO NUEVE

Estoy aquí

Finalmente se acercaba la fecha de la audiencia de Walter McMillian. Era nuestra oportunidad para presentar la evidencia que habíamos reunido a favor de Walter, incluido el testimonio de Ralph Myers y los recién descubiertos registros policiales.

Mientras tanto, Tom Chapman se preparaba para defender la condena de Walter con la ayuda del asistente del fiscal general Don Valeska, un abogado de larga trayectoria con reputación de ser agresivo para juzgar a "hombres malos". Michael y yo nos habíamos acercado a Chapman antes de la audiencia para ver si podíamos persuadirlo de reabrir la investigación y reexaminar de forma independiente si Walter McMillian era culpable o no. Pero, para entonces, Chapman y todos los oficiales de la ley estaban cansados de nosotros. Consideré reportar con ellos las amenazas de bomba y de muerte que habíamos recibido. Era posible que vinieran de personas del Condado de Monroe, pero no estaba seguro de si esto le importaría a la oficina del alguacil o la Fiscalía.

El juez Robert E. Lee Key Jr. se había retirado. El nuevo juez del caso, Thomas B. Norton Jr., también estaba harto de nosotros. Seguimos insistiendo en obtener todos los archivos y la evidencia que el Estado tenía en sus manos. Estábamos seguros de que había más documentos que no habían entregado.

En la última comparecencia previa al juicio, el juez me preguntó:

—¿Cuánto tiempo necesita para presentar su evidencia, señor Stevenson?

—Quisiera contar con una semana, su señoría.

—¿Una semana? Debe estar bromeando. ¿Una semana para una audiencia de Regla 32? El juicio de este caso duró apenas un día y medio.

—Sí, señor. Creemos que este es un caso extraordinario, hay varios testigos y...

—Tres días, señor Stevenson. Si no puede presentar su caso en tres días luego de todo el drama que provocó, realmente no tiene nada que presentar.

—Juez, yo...

—Puede retirarse.

Luego de pasar otro largo día en Monroeville buscando los últimos testigos, Michael y yo volvimos a la oficina para planificar cómo íbamos a presentar toda la evidencia en el poco tiempo que el juez nos había dado para hacerlo. Otra preocupación nuestra era la confiabilidad de Myers. Ralph era tan impredecible que no sabíamos qué esperar de su declaración. Nos reunimos con él unos días antes de la audiencia para aclarar todas las dudas posibles.

—Solo responda las preguntas con precisión y de forma honesta, Ralph —le advertí.

—Siempre lo hago —dijo Ralph con confianza.

—Espere, ¿acaba de decir que siempre lo hace? —preguntó Michael—. ¿De qué habla? Usted mintió durante todo el juicio. Es lo que vamos a demostrar en esta audiencia.

—Lo sé —respondió Myers con frialdad—. Me refería a que a ustedes siempre les he dicho la verdad.

—No me asuste, Ralph. En su testimonio simplemente diga la verdad —insistió Michael.

La mañana de la audiencia llegamos al juzgado temprano y ansiosos. Michael y yo vestíamos trajes oscuros, camisas blancas y corbatas de colores suaves. Usualmente me visto con sobriedad cuando voy a la Corte. Yo era un hombre joven negro y con barba, e intentaba cumplir con las expectativas de la Corte sobre la apariencia de un abogado, al menos por el bien de mis clientes.

Myers y Walter estaban en celdas en el sótano del juzgado. Primero fuimos a ver a Myers, que estaba muy ansioso. Peor aún, estaba muy callado y reservado, algo raro en él. Después fui a ver a Walter. Estar de vuelta en el juzgado donde había sido condenado cuatro años antes lo había conmocionado, pero tan pronto me vio se obligó a sonreír.

—¿Qué tal estuvo el viaje? —le pregunté.

—Estuvo bien. Espero obtener algo mejor que la última vez que estuve aquí.

Asentí con un gesto, intentando ser empático y conversé sobre lo que pensaba que ocurriría en los días siguientes. Luego subí las escaleras y me alisté para la audiencia.

Cuando entré al juzgado, me sorprendió lo que vi. Decenas de miembros de la comunidad habían ocupado la sala, la mayoría negros y pobres, vestidos con la ropa que usan para ir a la iglesia. La familia de Walter, gente que había estado en su casa en el almuerzo el día del asesinato, gente a la que habíamos entrevistado en los últimos meses o que conocía a Walter porque habían trabajado con él, incluso Sam Crook y su grupo de amigos colmaban la sala de audiencias. Minnie y Armelia sonrieron cuando entré a la sala.

Tom Chapman entró posteriormente con Don Valeska y ambos le echaron un vistazo al salón. Pude notar, por la expresión de sus rostros, que le molestaban las personas reunidas ahí. Tate, Larry, Ikner y Benson —el equipo encargado de hacer cumplir la ley responsable por la condena de Walter— entraron detrás de ellos. Los padres de Ronda Morrison estaban sentados en la primera fila del juzgado. A la comunidad negra le tomó unos segundos quedarse en silencio, lo que pareció molestar al juez Norton, un hombre blanco, calvo y de unos cincuenta y tantos años. Pero esa presencia me llenó de energía y me alegró que tanta gente hubiera llegado a apoyar a Walter.

—Caballeros, ¿estamos listos para proceder? —preguntó el juez Norton.

—Así es, su señoría —respondí—. Pero tenemos la intención de llamar a varios de los agentes de la ley presentes en la sala y me gustaría aislar a los testigos.

En casos criminales, los testigos que van a testificar deben esperar afuera del juzgado para que no puedan alterar su testimonio según lo que digan los otros testigos. Dado que los oficiales iban a testificar, para mí era obvio que esperaran afuera.

Valeska de inmediato se puso de pie:

—No, juez. Eso no es posible. Estos son los investigadores que resolvieron este crimen tan horrendo y necesitamos que estén en la Corte para presentar nuestro caso.

Me quedé de pie:

—Acá el Estado no tiene la responsabilidad de presentar el caso, su señoría. La responsabilidad *es nuestra*. Este no es un juicio criminal, sino una audiencia de evidencias posterior a la condena.

—Juez, ellos quieren que este caso tenga un nuevo juicio y nosotros necesitamos que nuestro equipo esté acá dentro —respondió Valeska.

El juez lo interrumpió diciendo:

—Bueno, en efecto, parece que intenta obtener un nuevo juicio para el caso, señor Stevenson, así que voy a permitir que los investigadores estatales permanezcan en el tribunal.

No fue un buen inicio, pero no podíamos hacer nada. Decidí proceder con una declaración inicial antes de llamar a nuestro primer testigo: Ralph Myers. Quería que el juez entendiera que no solo íbamos a defender al señor McMillian desde un enfoque distinto al de sus abogados anteriores, sino que también teníamos evidencia nueva y crucial que lo exoneraba completamente. Quería que supiera que la justicia exigía la liberación inmediata de Walter.

—Su señoría, el caso del Estado contra Walter McMillian giró completamente alrededor del testimonio de Ralph Myers, que tenía varias condenas previas por delitos graves. Además, tenía otro caso de homicidio capital pendiente contra él en el Condado de Escambia cuando se desarrollaba el juicio del señor McMillian. Durante el juicio, el señor McMillian aseveró ser inocente y que no conocía al señor Myers cuando Ronda Morrison fue asesinada. Durante todo este proceso, ha insistido en ser inocente.

El juez estaba inquieto y parecía estar distraído cuando empecé, así que hice una pausa. Incluso si no estaba de acuerdo conmigo, quería que escuchara lo que estaba diciendo. Dejé de hablar hasta asegurarme que tenía su atención. Finalmente, hizo contacto visual conmigo, así que continué.

—No hay duda de que Walter McMillian fue condenado a la pena de muerte por el testimonio de Ralph Myers. En ese juicio no hubo otra evidencia para establecer la culpabilidad del señor McMillian que el testimonio de Myers. El Estado no presentó evidencia física que vinculara al señor McMillian con ese crimen, el Estado no tenía un móvil, el Estado no tenía testigos del crimen, el Estado solo tenía el testimonio de Ralph Myers.

—Durante el juicio, Myers testificó que, *sin saberlo y sin quererlo*, había sido parte de un atraco y un asesinato el 1 de noviembre de 1986, cuando Walter McMillian lo vio en un *car wash* y le pidió que manejara su camioneta porque "le dolía el brazo".

Myers declaró que llevó al señor McMillian a la tintorería Jackson Cleaners, luego ingresó al negocio y vio al señor McMillian con un arma y metiendo dinero en una bolsa color café. Otro hombre, de raza blanca, también estuvo presente en la tintorería. Myers testificó que este hombre tenía cabello entrecano y supuestamente habló con el señor McMillian. Myers aseveró que el señor McMillian lo empujó y lo amenazó cuando entró al negocio. La misteriosa tercera persona, supuestamente a cargo de la operación, presuntamente le dio instrucciones al señor McMillian de deshacerse de Myers, a lo que el señor McMillian respondió que no podía hacerlo, porque se había quedado sin balas. El Estado no ha sido capaz de identificar o arrestar a este hombre blanco que supuestamente estuvo a cargo del asesinato. El Estado no ha buscado a esta tercera persona, el cabecilla para este crimen, porque pienso que ellos saben que esta persona no existe.

Hice otra pausa para que se asimilara mi declaración.

—Basándose en el testimonio de Ralph Myers, Walter McMillian fue hallado culpable de homicidio capital y sentenciado a muerte. Como están a punto de escuchar, el testimonio de Ralph Myers fue completamente falso. De nuevo, su señoría, el testimonio de Ralph Myers durante el juicio fue completamente falso.

Me tomé un momento antes de pedirle al agente judicial que llamara a Myers al estrado. El juzgado estuvo en silencio hasta que un agente abrió la puerta y Ralph Myers entró al juzgado. Ralph había envejecido considerablemente desde la última vez que la gente en la sala lo había visto. Escuché comentarios de cómo su cabello estaba lleno de canas. Vestido con el uniforme blanco de la prisión y caminando hacia el estrado, Myers de nuevo me pareció un hombre pequeño y triste. El juez Norton lo vio con atención.

Me acerqué para iniciar mi evaluación. Luego de pedirle que dijera su nombre para los registros y establecer que él antes ya había comparecido ante un tribunal y testificado contra Walter McMillian, era hora de llegar al fondo del asunto.

Me acerqué al estrado de los testigos.

—Señor Myers, ¿el testimonio que dio durante el juicio del señor McMillian fue verdadero?

Esperaba que el juez no notara que contenía la respiración mientras aguardaba la respuesta de Ralph. Ralph me miró fríamente pero luego habló con mucha confianza y claridad.

—De ninguna manera —dijo.

Hubo más murmullos en el tribunal, pero la multitud guardó silencio para seguir escuchando.

—De ninguna manera —repetí antes de continuar para que la gente asimilara la retractación del testigo, pero no quería dudar demasiado porque nos quedaba mucho por cubrir.

—¿Vio al señor McMillian el día que Ronda Morrison fue asesinada?

—Absolutamente no. —Ralph permanecía firme al hablar.

—¿Ese día manejó la camioneta del señor McMillian hasta Monroeville?

—Absolutamente no.

—¿Fue hasta Jackson Cleaners cuando ocurrió el asesinato de Ronda Morrison?

—No, para nada.

—Ahora, durante el juicio contra el señor McMillian, usted declaró que había un hombre blanco dentro de la tintorería, ¿no fue así?

—Sí, eso declaré.

—¿Qué dijo durante su testimonio?

—Según recuerdo, en mi testimonio dije que había escuchado a Walter McMillian hablando con ese hombre y también recuerdo haber dicho que había visto su nuca. Eso es todo lo que recuerdo de mi declaración.

—¿Dijo la verdad en ese momento, señor Myers?

—No, no dije la verdad.

Entonces el juez se inclinó hacia adelante para escuchar con total atención.

—¿Alguno de sus alegatos contra Walter McMillian sobre su participación en el asesinato de Ronda Morrison fue cierto?

Ralph hizo una pausa y paseó la vista por el tribunal antes de responder.

—No —contestó y por primera vez había emoción en su voz, pesar o remordimiento.

Parecía que todos en el tribunal habían estado aguantando la respiración, pero en ese momento se escuchó un claro rumor en el salón de parte de muchos de los simpatizantes de Walter.

Tenía conmigo una copia de la transcripción del juicio y repasé con Ralph cada línea de su testimonio en contra de Walter. Ralph reconoció que cada declaración que hizo en su testimonio era falsa. Frecuentemente se volteaba para mirar al juez Norton a los ojos mientras hablaba y se mantuvo firme incluso durante el extenso contrainterrogatorio de Chapman. Después de un implacable interrogatorio enfocado en averiguar por qué ahora cambiaba su testimonio, y luego de que Chapman sugiriera que alguien lo había motivado a hacerlo, Ralph se mostró indignado. Dirigió su atención al fiscal y dijo:

—Yo... Yo simplemente puedo mirarlo a la cara, a usted y a cualquier otra persona, y decirle que eso es todo lo que yo... todo lo que se dijo sobre McMillian fue mentira. Hasta donde sé, el señor McMillian no estuvo involucrado en ese crimen porque ese día, el día en que asesinaron a esa muchacha, yo ni siquiera vi a McMillian. Eso es precisamente lo que les dije a muchas personas.

Revisé mis notas y luego miré a Michael para asegurarme que no había olvidado nada.

—¿Todo bien? —pregunté.

Michael estaba atónito.

—Ralph estuvo muy bien. Lo hizo muy, muy bien.

Dirigí la mirada a Walter y recién entonces me di cuenta de que tenía lágrimas en los ojos. Movía la cabeza de un lado a otro, incrédulo. Puse mi mano sobre su hombro antes de anunciarle a la Corte que Myers podía retirarse. No teníamos más preguntas que hacerle.

Myers se puso de pie para salir del tribunal. Mientras los guardias lo conducían a una puerta lateral, miró a Walter pidiéndole perdón antes de salir de la sala. No estoy seguro si Walter lo vio.

La gente en el tribunal empezó a murmurar de nuevo. Escuché que uno de los parientes de Walter dijo en un tono apagado:

"¡Gracias, Jesús!".

El próximo reto era refutar los testimonios de Bill Hooks y Joe Hightower, que dijeron haber visto la camioneta *lowrider* de Walter alejarse de la tintorería más o menos a la hora en que Ronda Morrison fue asesinada.

Llamé a Clay Kast al estrado. Este mecánico blanco declaró que en noviembre de 1986, cuando Ronda Morrison fue asesinada, la camioneta del señor McMillian no era una *lowrider*. Kast conservaba los registros y recordaba claramente haber hecho la modificación en mayo de 1987, más de seis meses después del día en que Hooks y Hightower aseguraban haber visto una camioneta *lowrider* frente a la tintorería.

Terminamos la jornada interrogando a Woodrow Ikner, un policía de Monroeville que, en su testimonio, declaró que fue el primero en llegar a la escena del crimen el día del asesinato. Afirmó que el cuerpo de Ronda Morrison no estaba junto al mostrador delantero, donde Myers había testificado que estaba. Más importante aún, Ikner declaró que Pearson, el fiscal del juicio, le había pedido que testificara que el cuerpo de Morrison había sido arrastrado por la tienda desde el mostrador delantero hasta el lugar donde lo encontraron. Ikner sabía que ese testimonio sería falso y les dijo a los fiscales que se negaba a mentir. Poco después fue dado de baja del Departamento de Policía.

Para entonces el juez parecía muy afectado por el procedimiento. Me pareció que su expresión preocupada revelaba confusión sobre lo que haría a la luz de esta evidencia y consideré que el desconcierto y la preocupación repentina del juez eran un progreso importante. La declaración de Ikner era la primera evidencia que sugería que miembros del orden público habían decidido de tal manera condenar a Walter, que estuvieron dispuestos a ignorar —o incluso esconder— evidencia que comprobaba su inocencia. Parecía que el juez Norton no esperaba algo así. Las líneas de preocupación en su rostro se estaban haciendo más profundas. Tal vez estábamos logrando algún progreso con él.

El testimonio de Woodrow Ikner acabó entrada la tarde. El juez miró el reloj y levantó la sesión. Yo quería seguir, continuar hasta medianoche de ser necesario, pero me di cuenta de que eso no iba a ocurrir. Me acerqué a Walter.

—¿Hay que parar? —me preguntó preocupado.

—Sí, pero mañana por la mañana retomamos todo —le dije sonriendo y me alegró que me devolviera la sonrisa.

Walter me miró con entusiasmo.

—Hombre, no sé cómo expresar lo que siento en este momento. Todos estos años he esperado la verdad y lo único que escuchaba eran mentiras. Se siente increíble vivir este momento. Simplemente... Un oficial blanco de mediana edad nos interrumpió para llevar a Walter de vuelta a su celda. Le dije que iría a verlo más tarde.

Conforme la gente salía del tribunal, se podía ver la esperanza crecer en la familia de Walter. Se me acercaban a abrazarme. La hermana de Walter, Armelia; su esposa, Minnie y su sobrino Giles hablaban muy emocionados de la evidencia que habíamos presentado.

Michael también estaba muy entusiasmado.

—Chapman debería simplemente llamarte y decir que desea retirar los cargos contra Walter y dejar que se vaya a casa.

—Mejor esperamos sentados —dije.

La mañana siguiente llegué temprano a ver a Walter en el sótano, antes de que empezara la audiencia. Cuando subí las gradas de camino al tribunal, me sorprendió ver a un grupo de gente negra esperando en el *lobby* de la sala. Me acerqué a Armelia, que me miró preocupada.

—¿Qué pasa? —le pregunté—. ¿Por qué no están adentro?

Si el día anterior hubo una gran multitud, la audiencia de hoy había reunido aún más público, incluso miembros del clero y personas mayores de color que nunca había visto.

—No nos dejan entrar, señor Stevenson.

—¿A qué te refieres? ¿Cómo que no los dejan entrar?

—Intentamos entrar temprano en la mañana y nos dijeron que no podíamos.

¿Qué está pasando?, pensé. Hice a un lado al oficial, abrí la puerta y vi que toda la sala había sido alterada. Tras la puerta habían instalado un detector de metales y, del otro lado, un policía con un enorme pastor alemán. El salón estaba a medio llenar. Casi todos los bancos donde el día anterior se habían sentado familiares y amigos de Walter ahora estaban ocupados por gente blanca, mayor, que apoyaba a los Morrison y a la fiscalía. Era claro que Chapman y Valeska intentaban mantener afuera a los simpatizantes de Walter. De hecho, ambos habían tomado asiento frente a la mesa de la fiscalía y actuaban con total normalidad.

Yo estaba furioso.

Fui directamente al despacho del juez Norton para explicarle que a los parientes y simpatizantes de Walter McMillian le habían negado el ingreso al tribunal. Puso los ojos en blanco y dijo con desdén:

—Señor Stevenson, su gente tendrá que llegar más temprano".

—Juez, el problema no es que no hayan venido temprano. El problema es que les dijeron que no podían entrar al salón.

—No se le está negando la entrada a nadie, señor Stevenson.

Se dirigió a un alguacil que salió del salón. Lo seguí y vi que le dijo algo al guardia que estaba afuera del tribunal. Los simpatizantes del señor McMillian podrían entrar a la sala del tribunal... ahora que ya estaba medio llena.

—Les pido perdón a todos —le dije a la multitud—. Han hecho algo inapropiado hoy acá. Van a dejarlos entrar, pero el salón ya está a medio llenar con gente que vino a apoyar a la fiscalía. No habrá lugar para todos.

En el grupo había dos pastores religiosos. Uno de ellos, un afroamericano fornido vestido de traje oscuro y con una gran cruz en el cuello, se acercó a hablarme.

—Señor Stevenson, está bien. No se preocupe por nosotros. Hoy les pediremos a algunas personas que nos representen y mañana estaremos aquí incluso más temprano. No permitiremos que nadie nos saque de aquí, señor.

Minnie, Armelia, los hijos de Walter y otras personas más entraron al salón. Cuando los pastores dijeron: "Señora Williams", todos sonrieron. La señora Williams, una mujer negra entrada en años, se puso de pie y se alistó para entrar al salón. Ajustó con precisión su sombrero y, con delicadeza, se envolvió el cuello con una bufanda azul.

Me emocionó ver a todos los amigos del señor McMillian, pero me di cuenta de que debía entrar a la sala. Esa mañana no me había preparado para los testigos como hubiera querido. En cambio, me distrajo el absurdo maltrato que habían recibido los simpatizantes de Walter.

Estaba a un lado de la mesa de la defensa cuando de reojo vi que la señora Williams estaba dentro del tribunal. No era una mujer de gran tamaño, pero parecía ser una figura de autoridad. No pude evitar verla acercarse al detector de metales. Caminaba más despacio que los demás, pero siempre mantuvo la frente en alto con gracia y dignidad. Me recordaba a otras mujeres mayores que había conocido durante mi vida, mujeres que habían tenido vidas difíciles pero que, a pesar de los pesares, eran muy amables y se dedicaban a construir y mantener sus comunidades. La señora Williams echó un vistazo a las filas de asientos disponibles para buscar dónde sentarse, atravesó el detector de metal y fue entonces cuando vio al perro.

Vi cómo toda su compostura se desvanecía, reemplazada por una mirada de miedo absoluto. Cayeron sus hombros, su cuerpo se hundió sobre sí mismo y parecía paralizada. Se quedó ahí de pie y congelada por más de un minuto, empezó a temblar y sacudirse sin control. La escuché gemir. Lágrimas cayeron por su rostro y empezó a mover su cabeza, como afectada por una gran tristeza. Luego se dio la vuelta y abandonó el salón muy de prisa. Intenté sacudirme de encima ese sentimiento oscuro que habían

170 · SOLO CLEMENCIA

conjurado los eventos de esa mañana, cuando de repente los agentes ingresaron con Walter a la sala. Le habían permitido estar en el tribunal sin esposas, pero insistieron en que tuviera cadenas en los tobillos.

A pesar de las maniobras tempraneras del Estado y el mal augurio de la señora Williams frente al perro, tuvimos otro buen día en la Corte. Los trabajadores estatales de salud mental que habían tratado a Myers confirmaron su testimonio del día anterior. El doctor Omar Mohabbat explicó que Myers le había dicho que "la policía lo había conminado a aceptar la pena por el asesinato del que era acusado o a 'testificar' que 'Walter era el culpable'". Mohabbat aseguró también que Myers le comentó: "Me dijeron que dijera lo que ellos querían que dijera".

La evidencia presentada por otros tres doctores confirmó este testimonio. Por ejemplo, el doctor Bernard Bryant, en su testimonio, aseguró que Myers le dijo que "él no había cometido ese crimen y que mientras estuvo encarcelado por eso, las autoridades policiales locales lo amenazaron y acosaron para que confesara que sí había cometido un crimen".

Enfatizamos ante la Corte que Myers había hecho todos esos argumentos *antes* del juicio inicial. Estas declaraciones no solo aumentaban la credibilidad de la retractación de Myers, sino que además habían sido documentadas y formaban parte de registros médicos que, por ley, debieron haber sido entregados a los abogados de Walter.

Los simpatizantes de la Fiscalía y los familiares de las víctimas parecían confundidos por la evidencia que presentábamos.

La evidencia complicaba la narrativa simplista que habían elegido creer sobre la culpabilidad de Walter y la necesidad de un castigo rápido y contundente. Habíamos logrado un buen ritmo y los contrainterrogatorios habían sido más cortos de lo esperado. Al final del segundo día, tenía grandes esperanzas de obtener un buen resultado.

Estaba cansado, pero me sentía satisfecho caminando a mi auto esa noche. Para mi sorpresa, vi que la señora Williams, la mujer que había visto esa mañana, estaba sentada en una banca fuera del tribunal, sola. Se puso de pie en cuanto cruzamos miradas. Me acerqué y recordé lo inquieto que estuve cuando la vi salir corriendo del tribunal.

—Señora Williams, lamento lo sucedido esta mañana. No debieron haberlo hecho y lo siento mucho si la hicieron sentir mal. Pero quiero que sepa que nos fue muy bien hoy. Siento que fue un gran día…

—Abogado Stevenson, me siento tan mal, me siento muy mal —dijo y me tomó de las manos—. Debí haber entrado a la sala esta mañana. —Empezó a llorar.

—Señora Williams, todo está bien —traté de consolarla—. No debieron haber hecho lo que hicieron. Por favor, no se preocupe. —Le pedí y le di un abrazo.

—No, no, no, abogado Stevenson. Yo debí haber estado allí. Se supone que tenía que estar dentro.

—Está bien, señora Williams. Todo está bien.

—No, señor. Quería estar ahí. Lo intenté, lo intenté. Dios sabe que lo intenté, señor Stevenson. Pero cuando vi ese perro... — La señora Williams movió la cabeza de un lado a otro y luego miró a la lontananza—. Cuando vi ese perro, me recordó lo que pasó en 1965, cuando nos reunimos en el puente Edmund Pettus, en Selma, e intenté marchar por nuestro derecho al voto. Nos golpearon y soltaron a los perros. —Me miró con tristeza—. Intenté moverme, abogado Stevenson. Quería moverme, pero no pude hacerlo.

Mientras hablaba, parecía rodeada por un halo de tristeza. Soltó mis manos y se fue. La vi subirse a un auto junto a gente que había visto en el tribunal ese día.

Conduje hasta el motel donde estaba alojado en un estado de ánimo más sombrío y empecé a prepararme para el último día de comparecencias.

La mañana siguiente comenzó el tercer y último día de audiencias. El detector de metales y el perro seguían ahí, pero ningún agente se paró en la puerta para impedir que la gente negra entrara.

Cuando eché un vistazo a la puerta del salón, ahí estaba la señora Williams. De nuevo estaba vestida impecablemente con sombrero y bufanda. Vi cuando los oficiales le permitieron ingresar. Con la frente en alto, cruzó lentamente el detector de metal repitiendo una y otra vez: "No me asustan los perros, no me asustan los perros". No pude dejar de verla. Atravesó el detector mirando fijamente al perro. Luego gritó con fuerza, como para que todos la escucharan: "¡No me asustan los perros!".

Pasó a un lado del perro e ingresó al tribunal. Otras personas negras rebosaban de alegría cuando ella caminó a su costado. La señora Williams se sentó al frente del salón, se volteó a mirarme con una gran sonrisa en el rostro y anunció:

—Abogado Stevenson, ¡aquí estoy!

—Señora Williams, me alegra verla aquí. Gracias por venir.

El salón se llenó y empecé a reunir mis documentos. Los guardias trajeron a Walter al tribunal; señal de que la audiencia estaba a punto de empezar. Entonces escuché la voz de la señora Williams hablándome.

—No, abogado Stevenson, no me escuchó. Le dije que ya estoy aquí —comentó muy alto. Yo estaba un poco confundido y avergonzado, pero di la vuelta y le sonreí.

—Sí, señora Williams, la escuché. Me alegra mucho que esté aquí con nosotros.

Sin embargo, al verla, parecía estar en su propio mundo.

No cabía un alma dentro del juzgado y el agente judicial pidió orden cuando el juez ingresó a la sala. Todos se pusieron de pie, como de costumbre. Cuando el juez tomó asiento, todos los demás hicimos lo mismo. Hubo una pausa inusualmente larga en espera de que el juez dijera algo. Noté que la gente miraba algo detrás de mí y entonces me di la vuelta: la señora Williams seguía de pie. El salón quedó en completo silencio. Todos la veían con atención. Intenté hacerle señas indicándole que debía sentarse, pero entonces hizo la cabeza hacia atrás y gritó: "¡Estoy aquí!". Algunos rieron entre dientes, nerviosamente, y ella finalmente tomó asiento. Cuando dirigió la mirada hacia mí, vi que tenía los ojos llenos de lágrimas.

En ese momento sentí algo particular, un profundo sentimiento de reconocimiento. Sonreí porque sabía lo que significaban sus palabras: *Puede que sea una anciana, puede que sea pobre, puede que sea negra, pero estoy aquí. Estoy aquí porque mi visión de lo que es y representa la justicia me obliga a ser testigo. Estoy aquí porque se supone que esté aquí. Estoy aquí porque no pueden alejarme de este lugar.*

Le sonreí a la señora Williams mientras tomaba asiento, llena de orgullo. Por primera vez desde que empecé a trabajar en el caso, todo lo que luchábamos por obtener finalmente empezaba a cobrar sentido. Me tomó un momento darme cuenta de que el juez llamaba mi nombre, pidiéndome con impaciencia que comenzara.

Nos fue bien en el último día de audiencias. Seis personas que habían estado encarceladas junto a Ralph Myers testificaron que Ralph les había dicho que fue presionado para dar un testimonio falso contra Walter McMillian. Las declaraciones fueron consistentes y uno explicó que Myers había escrito cartas diciendo que ni siquiera conocía al señor McMillian.

Guardamos la evidencia más contundente para el final: las grabaciones de Thomas Tate, Simon Benson y Larry Ikner interrogando a Myers. En las cintas, Myers le dijo una y otra vez a la policía que no sabía nada del asesinato de Ronda Morrison o de Walter McMillian. Los oficiales amenazaron a Myers y este se resistió a incriminar a un hombre inocente por asesinato.

Las grabaciones confirmaron la retractación de Myers, y además revelaron la mentira que Pearson le dijo a la Corte, al jurado y a la defensa del señor McMillian: que Myers solo brindó dos testimonios. De hecho, Myers brindó al menos seis testimonios más a la policía. Todos favorecían a Walter McMillian y ninguno de ellos fue revelado a los abogados del señor McMillian, como lo requería la ley.

Llamé a los abogados defensores del señor McMillian, Bruce Boynton y J.L. Chestnut, a declarar sobre lo mucho que podrían haber hecho para obtener una sentencia absolutoria —un veredicto de inocencia— si el Estado hubiera entregado la evidencia que había suprimido.

Terminamos de presentar nuestra evidencia y, para nuestra sorpresa, el Estado no la refutó. No sé qué podrían haber presentado, pero había asumido que iban a presentar *algo*. El juez también parecía sorprendido. Hizo una pausa y luego dijo que quería que ambas partes entregaran informes escritos argumentando sobre qué veredicto debía dictar. Teníamos la esperanza de que esto ocurriera y me sentí aliviado de que la Corte nos diera tiempo para explicar por escrito la importancia de la evidencia y de ayudarlo a preparar la orden final, una orden que esperaba que pusiera a Walter en libertad.

Luego de tres días de intensos litigios, Michael y yo nos despedimos de la familia de Walter que estaba en el tribunal, salimos del recinto exhaustos, pero satisfechos con nuestra labor.

Bay Minette, donde ocurrió la audiencia, está a unos treinta minutos de las hermosas playas del Golfo de México. Habíamos empezado una tradición en la oficina, que consistía en llevar a nuestro personal a la playa cada septiembre, y nos habíamos enamorado de las espectaculares y cristalinas aguas del golfo. Era común ver delfines jugueteando en el mar por las mañanas. Muchas veces pensé que debíamos mudar nuestras oficinas ahí, junto al mar.

Fue idea de Michael ir a la playa justo después de la audiencia y antes de volver a Montgomery. No estaba seguro de si era una buena idea, pero era un día caluroso y estábamos tan cerca de la costa que no me pude resistir. Pronto iba a anochecer, pero el calor era persistente. Me paré en la orilla del mar y mi cabeza daba vueltas por todo lo que había ocurrido en la Corte. Repasé en mi mente lo que habían dicho los testigos y me pregunté si habíamos hecho todo como debíamos. Analicé cada detalle en mi cabeza, cada posible error, hasta que me di cuenta: ya todo había acabado. No tenía sentido volverme loco dándole tantas vueltas al asunto ahora.

En esa playa, sobre la arena, vi a un grupo de luminosos pelícanos blancos que planeaban con elegancia sobre las aguas serenas en busca de comida. Walter debía estar volviendo a Holman, esposado en la parte trasera de una furgoneta. Pensé en su familia y en quienes habían ido a la Corte. Esa gente mantuvo la fe durante los cinco años que habían pasado desde que Walter fue arrestado. Pensé en la señora Williams, que se acercó a mí luego de la audiencia y me dio un beso dulce en la mejilla. Le dije cuánto me alegraba haberla visto de nuevo en el tribunal. Ella tenía una mirada juguetona. "Abogado Stevenson, usted sabe que no iba a dejar que esa gente me dejara afuera", dijo y sus palabras me hicieron sonreír.

Michael salió del agua y se veía preocupado.

—¿Qué viste? —dije en broma—. ¿Un tiburón? ¿Una anguila? ¿Una medusa venenosa? ¿Una mantarraya? ¿Una piraña?

Michael estaba sin aliento.

—Nos amenazaron, nos mintieron. Hubo gente que nos dijo que algunos en el condado están tan inquietos por lo que estamos haciendo, que van a matarnos —dijo—. ¿Qué crees que harán ahora que saben cuánta evidencia tenemos para probar que Walter es inocente?

Yo también había pensado en eso. Nuestros adversarios habían hecho todo lo posible para incriminar a Walter y así asesinarlo. Nos mintieron y alteraron el proceso judicial. Algunos nos dijeron que habían oído a gente enojada de la comunidad amenazarnos de muerte porque creían que intentábamos ayudar a un asesino a librarse del corredor de la muerte.

—No lo sé —le dije a Michael—, pero debemos seguir adelante, hombre, debemos seguir adelante.

Nos quedamos ahí en silencio, viendo el sol sumergirse detrás del horizonte.

CAPÍTULO DIEZ

Mitigación

Las prisiones en Estados Unidos se han convertido en almacenes de gente con problemas mentales. El encarcelamiento masivo ha sido impulsado en gran medida por políticas de drogas equivocadas y sentencias excesivas, pero el confinamiento de cientos de miles de personas pobres y con enfermedades mentales ha sido una fuerza impulsora para alcanzar nuestros niveles récord de encarcelamiento. Además, ha creado problemas sin precedentes. Por más de un siglo, los estadounidenses con serios problemas de salud mental han estado en prisiones e instituciones psiquiátricas. A finales del siglo XIX, alarmados por el trato inhumano que recibían los enfermos mentales en prisión, Dorothea Dix y el reverendo Louis Dwight lideraron una exitosa campaña para sacar a los enfermos mentales de las cárceles. Como resultado, comenzaron a abrirse hospitales psiquiátricos estatales para brindar atención a los enfermos mentales.

Pero para mediados del siglo veinte, los abusos dentro de hospitales psiquiátricos empezaron a llamar la atención. Familiares, maestros y Cortes enviaron a miles de personas a estas instituciones por "problemas" como resistirse a normas sociales, culturales y sexuales, no por problemas mentales agudos. Homosexuales, personas transgénero o que mantenían relaciones interraciales fueron internadas en estos sitios contra su voluntad.

En la década de los años sesenta y setenta, se promulgaron leyes para prevenir el ingreso involuntario de pacientes. Las personas con discapacidades de desarrollo adquirieron el derecho de rechazar el tratamiento y el internamiento forzado se hizo mucho menos común. Para la década de 1990, muchos Estados habían reducido la población en hospitales psiquiátricos por más de un 95%.

Si bien estas reformas eran desesperadamente necesarias, el momento en que se implementaron coincidió con la proliferación de políticas de encarcelamiento masivo (que ampliaron los estatutos penales y las sentencias severas) y los efectos fueron desastrosos. El "mundo libre" se convirtió en un lugar peligroso para las personas pobres no ingresadas con severas enfermedades mentales como esquizofrenia o psicosis. Las personas discapacitadas de bajos ingresos, que no podían costear el tratamiento o los medicamentos necesarios, corrían gran riesgo de ser encarceladas. Las cárceles se habían convertido en la estrategia del Estado para lidiar con una crisis sanitaria creada por el uso y la

MITIGACIÓN · **181**

dependencia de drogas. Ahora, además de eso, un gran número de personas con problemas de salud mental fueron enviadas a prisión por ofensas menores, crímenes relacionados con las drogas, o simplemente por comportamiento que sus comunidades no estaban dispuestas a tolerar.

Hoy más del 50% de los reclusos en los Estados Unidos han sido diagnosticados con alguna enfermedad mental. De hecho, hay tres veces más personas con enfermedades mentales graves en cárceles, que en hospitales. En algunos Estados la diferencia es hasta diez veces mayor, y una prisión es un lugar terrible para quienes tienen problemas de salud mental o algún padecimiento neurológico que los guardias no están entrenados para detectar, entender y manejar.

Por ejemplo, cuando todavía trabajaba en Atlanta, nuestra oficina demandó a una prisión particularmente dura y agresiva en Luisiana, la prisión de Angola, por negarse a modificar una política que requería que, antes de mover a los prisioneros ubicados en celdas segregadas, estos debían poner las manos a través de los barrotes para que los guardias los esposaran. Reclusos con problemas de epilepsia u otras crisis convulsivas a veces requerían ayuda mientras convulsionaban en sus celdas y, dado que no podían poner las manos a través de los barrotes, los guardias los sometían atacándolos con gas pimienta o extintores. Estas intervenciones agravaron los problemas de salud de los prisioneros y a veces resultaron en sus muertes.

La mayoría de las prisiones tienen problemas de hacinamiento y no tienen capacidad de brindar cuidado y tratamiento

182 · SOLO CLEMENCIA

a personas con problemas de salud mental. Para quienes tienen discapacidades, es difícil cumplir las tantas reglas de la vida en prisión si no están recibiendo tratamiento. Otros reclusos explotan sus síntomas conductuales o reaccionan violentamente ante ellos. El personal penitenciario, frustrado, suele someterlos a castigos abusivos, aislamiento solitario o a las formas más extremas de detención. Muchos jueces, fiscales y abogados defensores no reconocen adecuadamente las necesidades particulares de las personas con discapacidades mentales, lo cual conduce a condenas injustas, penas de prisión más largas y altos índices de personas que regresan a prisión tras su liberación.

Muchos de mis clientes en el corredor de la muerte han tenido serios problemas mentales. Otros, han desarrollado enfermedades mentales en prisión, como resultado del estrés y el trauma. Pero las cartas de Avery Jenkins, escritas a mano y en una letra tan pequeña que necesitaba una lupa para leerlas, me convencieron de que había estado enfermo por mucho tiempo.

Investigué su caso y empecé a reconstruir su historia. Resulta que había sido condenado por el terrible y brutal asesinato de un anciano. Las múltiples puñaladas que había infligido en la víctima sugerían una severa enfermedad mental, pero los registros de la Corte y los archivos jamás indicaron que Jenkins tuviera alguna discapacidad. Pensé que me enteraría más al respecto reuniéndome con él en persona.

Cuando llegué al estacionamiento de la prisión, vi una camioneta *pick-up* que parecía un santuario del Viejo Sur del país:

estaba cubierta completamente de adhesivos perturbadores, calcomanías de la bandera confederada y otras imágenes inquietantes de armas y sobre la identidad sureña. Una tenía el siguiente mensaje: "SI HUBIERA SABIDO QUE IBA A SER ASÍ, YO MISMO HABRÍA RECOGIDO MI MALDITO ALGODÓN". A pesar de haber crecido rodeado de imágenes del Sur Confederado y trabajado en el Sur Profundo por muchos años, esos símbolos me conmocionaron.

Siempre me había interesado la era pos-Reconstrucción en la historia del país. Mi abuela fue hija de esclavos. Nació en Virginia en la década de 1880, luego del retiro de las tropas federales y el inicio de un reino del terror, diseñado para privar a los afroamericanos de sus derechos sociales y políticos. Su padre le contó historias de cómo la promesa de libertad e igualdad, luego de la abolición de la esclavitud, de inmediato terminó cuando los sureños recuperaron el poder político a través de la violencia. Los negros recién emancipados fueron básicamente esclavizados una vez más por los antiguos soldados y oficiales de la Confederación, que usaban la intimidación, el linchamiento y el peonaje (trabajo forzado para pagar deudas) para mantener subordinados y marginalizados a los afroamericanos.

Grupos terroristas como el Ku Klux Klan se cubrieron con símbolos del Sur Confederado para intimidar y victimizar a miles de negros. Por cien años, cualquier indicio de progreso de las comunidades afroamericanas en el Sur podía provocar una reacción de los blancos que incluía amenazas y símbolos de la Confederación.

En los cincuenta y los sesenta, el activismo a favor de los derechos civiles y las nuevas leyes federales inspiraron el mismo rechazo al progreso racial y, de nuevo, motivaron un alza en el uso de imágenes relacionadas con la Confederación. De hecho, fue en los años cincuenta, luego de que la segregación racial en las escuelas públicas fuese declarada inconstitucional a raíz del caso Brown vs. Consejo de Educación, que muchos Estados del Sur izaron banderas de la Confederación sobre sus edificios de gobierno.

Durante una audiencia preliminar, en una ocasión me manifesté contra la exclusión de afroamericanos de la lista de miembros del jurado. Luego de presentar datos y argumentar que excluir a afroamericanos era inconstitucional, el juez se quejó airadamente.

"Voy a aprobar su moción, señor Stevenson, pero debo ser honesto. Estoy harto de que la gente hable y hable de los derechos de las minorías: afroamericanos, mexicoamericanos, asiáticos americanos, nativos americanos. ¿Cuándo alguien va a venir a mi Corte a proteger los derechos de los confederados americanos?". Quise preguntarle si haber nacido en el Sur o vivir en Alabama me convertía en un confederado americano, pero recapacité y no dije nada.

Me detuve en el patio de la prisión para darle un mejor vistazo a la *pick-up*. Caminé alrededor del auto y revisé las calcomanías y los símbolos de opresión racial. Cuando entré a la prisión, me recibió un oficial correccional que no había visto antes. Era un hombre blanco musculoso como de mi estatura, seis pies más o menos. Parecía tener unos cuarenta y tantos años, con el cabello corto, estilo militar. Me miró fríamente con sus ojos azul acero. Caminé hacia la puerta que llevaba al *lobby* del área de visitas, donde me esperaba un cacheo de rutina antes de reunirme con Avery Jenkins. El oficial se ubicó frente a mí, para evitar que prosiguiera.

—¿Qué estás haciendo? —gruñó.

—Vine a una visita legal —respondí—. La agendé a comienzos de semana. La gente en la oficina del director tiene los documentos —dije sonriendo, hablando lo más amable que pude para apaciguar el momento.

—De acuerdo, de acuerdo, pero primero debemos revisarte. Vas a ir a ese baño y te vas a quitar toda la ropa si quieres entrar a mi prisión.

Estaba en *shock*, pero igual le respondí con amabilidad.

—Oh, no, señor. Creo que está confundido. Soy abogado. Los abogados no tienen que desvestirse para ingresar por una visita legal.

En vez de calmarlo, mis palabras parecieron molestarlo aún más.

—Mira, no sé quién crees que eres, pero no entras a mi prisión sin antes cumplir con los protocolos de seguridad. Ahora, entra a ese baño y quítate toda la ropa, o puedes simplemente dar la vuelta e irte de aquí.

Había tenido algunos encuentros complicados con oficiales al entrar a una prisión, sobre todo en pequeñas cárceles de condados o lugares donde no había estado antes, pero esto era algo muy inusual.

—He venido a esta prisión muchas veces y nunca me han pedido que me quite la ropa. No creo que eso sea parte del procedimiento —dije con firmeza.

—Bueno, no sé ni me interesa lo que hagan los demás, pero este es el protocolo que uso —se quejó.

Había manejado dos horas para reunirme con mi cliente e iba a estar muy ocupado las tres semanas posteriores. No habría podido volver a la prisión pronto si no entraba ahora, así que entré al baño y me quité toda la ropa. El oficial entró y realizó un registro innecesario y agresivo, al terminar balbuceó que podía continuar. Me vestí y salí del baño.

—Me gustaría entrar al salón de visitas ahora —dije con fuerza intentando recuperar un poco de dignidad.

—Bueno, primero debes regresar y firmar el libro.

El hombre habló con frialdad, pero era obvio que intentaba provocarme. Ya había firmado el libro de abogados. No tenía sentido firmar otro libro.

—Los abogados no tienen que firmar ese libro.

—Si quieres entrar a mi prisión, tienes que firmar el libro.

Parecía tener una sonrisa macabra en el rostro. Me esforcé por mantener la compostura, di media vuelta y escribí mi nombre en el libro.

Fui hasta el área de visita y esperé a que el oficial sacara sus llaves y abriera la puerta. Cuando abrió la puerta, caminé hacia adelante, pero me agarró del brazo para detenerme. Bajó la voz para hablarme.

—Oye, ¿por casualidad viste una camioneta parqueada en el patio de visitas llena de calcomanías, banderas y una parrilla para armas? —Su rostro se endureció—. Quiero que sepas que esa camioneta es mía.

Entonces me soltó el brazo y me dejó entrar. Me miraba fríamente con sus ojos de un azul acero. Estaba enojado con el guardia, pero aún más irritado por mi propia impotencia. Me distraje de mis pensamientos cuando se abrió la puerta trasera de la sala y otro oficial hizo entrar al señor Jenkins.

Jenkins era un hombre afroamericano de corta estatura y cabello corto. Con sus dos manos atrapó la mía y sonrió antes de tomar asiento. Parecía inusualmente feliz de verme.

—Señor Jenkins, mi nombre es Bryan Stevenson, soy el abogado con el que habló…

—¿Me trajo una malteada de chocolate? —dijo rápidamente.

—Perdón, ¿qué?

Todavía sonreía.

—¿Me trajo una malteada de chocolate? —preguntó—. Quiero una malteada de chocolate.

El viaje, la *pick-up* de la Confederación, el acoso del guardia y ahora el pedido de una malteada de chocolate. Era un día extraño. No escondí mi impaciencia.

—No, señor Jenkins, no le traje una malteada de chocolate. Soy abogado. Estoy aquí para ayudarlo con su caso e intentar obtener un nuevo juicio. ¿Está bien? Por eso estoy aquí. Necesito hacerle unas preguntas para intentar entender lo que está pasando.

Rápidamente desapareció la sonrisa de su rostro. Empecé a hacerle preguntas y sus respuestas eran cortas, a veces apenas gruñía un "sí" o un "no". Me di cuenta de que seguía pensando en su malteada de chocolate. Mi frustración con el oficial me hizo olvidar lo incapacitado que podía estar este hombre. Detuve la entrevista y me incliné hacia adelante.

—Señor Jenkins, lo siento mucho. No sabía que quería que le trajera una malteada de chocolate. De haberlo sabido, hubiera intentado traerle una. Le prometo que la próxima vez que venga, si me permiten ingresar con una malteada de chocolate, definitivamente se la traigo, ¿está bien?.

Dicho eso, volvió su sonrisa y cambió su estado de ánimo a uno más afable. En general fue amable y gentil durante nuestra reunión, pero era obvio que estaba enfermo. Los registros de la prisión revelaron que con regularidad experimentaba episodios psicóticos en los que gritaba por horas. En los registros del juicio no había referencia alguna a una enfermedad mental.

Al volver a mi oficina, empezamos una investigación más profunda sobre la vida del señor Jenkins y lo que hallamos fue desgarrador. Su padre había sido asesinado antes que él naciera y su madre murió de una sobredosis cuando él apenas tenía un año. Había estado en hogares de acogida desde los dos años y la experiencia había sido espantosa: diecinueve hogares diferentes antes de cumplir ocho años. Muchas de las familias que lo recibieron abusaron de él física y sexualmente. Empezó a mostrar señales de discapacidad intelectual a temprana edad. Tenía deficiencias cognitivas que sugerían algún tipo de daño cerebral orgánico y problemas de conducta que, a su vez, sugerían esquizofrenia y otros serios problemas de salud mental.

A los trece años empezó a abusar de las drogas y el alcohol. A los quince, empezó a tener convulsiones y sufrir episodios psicóticos. A los diecisiete, se quedó sin hogar. Avery entraba y salía de la cárcel hasta que cumplió veinte años, cuando, durante un episodio psicótico, entró a la casa de un extraño pensando que unos demonios le querían hacer daño. En la casa, apuñaló brutalmente y asesinó a un hombre que creía era un demonio. Sus abogados no investigaron el pasado del señor Jenkins antes del juicio. Rápidamente, fue hallado culpable de homicidio y sentenciado a muerte.

Las autoridades de la prisión no me permitieron llevarle una malteada de chocolate al señor Jenkins. Intenté explicárselo, pero al inicio de cada reunión me preguntaba si le había traído una. Le prometí que seguiría intentándolo. Tenía que decirle algo para lograr que se enfocara en cualquier otro tema.

Meses después, finalmente recibimos una fecha para ir a Corte y presentar el material que sus abogados debieron presentar durante el juicio: la evidencia de su enfermedad mental. Antes de que empezara la audiencia, fui a ver a Avery en una celda en el sótano del edificio. Luego de pasar por el protocolo habitual sobre la malteada de chocolate, intenté que entendiera lo que iba a ocurrir en la Corte. Me preocupaba que, al ver a algunos de los testigos, —gente que había tratado con él cuando estaba en hogares de acogida— pudiera mostrarse perturbado. Además, el testimonio que brindarían los expertos sería muy directo al describir sus discapacidades y su enfermedad. Quería que comprendiera por qué estábamos haciendo eso. Se mostró dispuesto y agradable, como siempre.

Arriba, en la sala del tribunal, vi al agente penitenciario que me había hecho pasar un momento tan difícil cuando conocí a

Avery. No lo había visto desde ese desagradable encuentro. Pensé que había sido el agente asignado para transportar a Avery a su audiencia. Le había preguntado a otro cliente sobre ese guardia y me dijo que el hombre tenía una mala reputación. La mayoría intentaba evitarlo.

Durante los próximos tres días presentamos nuestra evidencia sobre el pasado de Avery. Los médicos expertos que detallaron las discapacidades de Avery hablaron de forma excepcional. Explicaron cómo el daño cerebral orgánico, la esquizofrenia y el trastorno bipolar pueden crear severas deficiencias mentales. Explicaron que la psicosis y otros problemas mentales serios que tenía el señor Jenkins podían provocar un comportamiento peligroso. Esta conducta peligrosa derivó de enfermedades muy serias: no eran un reflejo de su personalidad. También presentamos evidencia de cómo el sistema de hogares de acogida le había fallado. Varios de los padres adoptivos que habían recibido a Avery luego fueron condenados por abuso sexual y gestión criminal de niños de acogida. Discutimos cómo Avery fue llevado de una situación peligrosa a otra hasta que se hizo adicto a las drogas y empezó a vivir en la calle.

Varios de los antiguos padres adoptivos de Avery admitieron sentirse muy frustrados. No sabían cómo lidiar con sus serios problemas mentales. Argumenté ante el juez que no considerar la enfermedad mental de Avery era tan cruel como decirle a alguien que ha perdido las piernas que subiera unas gradas sin ayuda o que es un perezoso.

Hay cientos de formas de apoyar o al menos entender a personas con determinadas diferencias físicas. Pero dado que las enfermedades mentales no son siempre visibles, solemos descartarlas y juzgarlas rápidamente. Asesinar brutalmente a alguien requeriría, por supuesto, que el Estado hiciera responsable a esa persona y protegiera al público. Pero ignorar por completo las discapacidades de una persona sería injusto a la hora de decidir el nivel de culpabilidad y el castigo que le asignamos a una persona.

Regresé a casa sintiéndome muy feliz por la audiencia, pero no esperaba recibir un milagro. Más o menos un mes después de la audiencia, antes de que se dictara la sentencia, decidí ir a la prisión a ver cómo estaba Avery.

Cuando llegué al parqueo, de nuevo vi aquella camioneta horrible llena de banderas, calcomanías y con una parrilla para armas. Y por supuesto que, de camino al salón de visitas, vi al mismo guardia de antes acercándose. Me preparé para otro encuentro tenso, pero luego ocurrió algo sorprendente.

—Hola, señor Stevenson, ¿cómo está? —dijo el guardia, pero su voz revelaba sinceridad y por primera vez no me miraba con odio. Yo estaba escéptico, pero decidí seguirle la corriente.

—Estoy bien. Oye, voy a entrar al baño para que puedas revisarme.

—Oh, señor Stevenson, no se preocupe por eso —contestó rápidamente—. Sé que no trae nada.

Su tono y comportamiento diferían de lo que estaba acostumbrado.

—De acuerdo, gracias. Te agradezco. Voy a pasar a firmar el libro, entonces.

—Señor Stevenson, no tiene que hacerlo. Vi que venía y apunté su nombre. Ya me ocupé de todo.

Me di cuenta de que el hombre estaba nervioso.

Confundido, le di las gracias y fui hasta el cuarto de visitas con él detrás de mí. Se hizo a un lado, para abrir los candados y dejarme pasar. Pero antes de entrar puso su mano sobre mi hombro.

—Oiga, eh, quisiera decirle algo.

No sabía qué esperar.

—Como sabe, llevé a Avery a la Corte para su audiencia y estuve ahí con ustedes esos tres días. Y yo, eh, bueno, quería que supiera que estuve escuchando.

Quitó su mano de mi hombro y miró a lo lejos, como si hubiera alguien detrás de mí.

—Yo…, eh, bueno, agradezco lo que está haciendo. En serio. Fue difícil para mí estar en ese salón y escucharlos hablar de las cosas que hablaron. Yo también crecí en familias de acogida. — Su rostro perdió su característica rigidez—. Hombre, no pensé que alguien lo había pasado tan mal como yo. Me llevaron de un lugar a otro como si nadie en el mundo me quisiera. Me tocó una vida difícil. Pero escucharle hablar de Avery me hizo darme cuenta de que hay gente a la que le tocó una vida tan dura como la mía, o peor aún. Quiero decir, me trajo muchos recuerdos estar sentado en esé tribunal.

Sacó un pañuelo de su bolsillo trasero para secarse el sudor que tenía en la frente. Vi por primera vez que tenía una bandera de la Confederación tatuada en el brazo.

—Supongo que lo que intento decir es que creo que está haciendo algo muy bueno. Tenía tanta rabia cuando era joven que muchas veces quise hacerle daño a alguien solo porque estaba enojado con el mundo. Cuando cumplí dieciocho años me uní al ejército y, pues, no me ha ido mal. Pero estar en ese juzgado me trajo recuerdos y me di cuenta de que sigo molesto con el mundo.

Sonreí. Él siguió:

—Ese doctor que subió al estrado dijo que el daño que le hacen a los niños en estos hogares abusivos a veces es permanente. Eso me preocupa. ¿Crees que es cierto?

—Creo que siempre podemos ser mejores personas —le dije—. Las cosas malas que hacemos no nos definen. En ocasiones, es importante que los demás sepan por lo que hemos pasado.

Otro oficial pasó a un lado y nos miró fijamente.

—Oye —continué—, te agradezco por lo que me acabas de decir. Significa mucho para mí y lo digo en serio. A veces olvido que todos, en algún momento, necesitamos mitigación.

Me sostuvo la mirada y sonrió.

—En la Corte habló una y otra vez sobre la mitigación. Cuando llegué a casa tuve que buscar qué significaba esa palabra. No estaba seguro qué significaba, pero ahora ya sé… Creo que usted hace cosas muy buenas.

Me miró a los ojos antes de extenderme su mano. Nos saludamos y empecé a caminar hacia la puerta. Acababa de entrar cuando do me tomó del brazo de nuevo.

—Oh, espere. Quiero decirle algo más. Mire, hice algo que probablemente no debí haber hecho. Al regreso del juzgado, bueno…, llevé a Avery a un Wendy's y le compré una malteada de chocolate.

Lo miré incrédulo y se echó a reír. Luego me dejó en la sala. Me dejó tan asombrado lo que había dicho el guardia que no escuché cuando su compañero llevó a Avery al salón de visitas. Cuando me di cuenta de que Avery estaba ahí, volteé a verlo y lo saludé. No dijo nada y eso me asustó.

—¿Estás bien?

—Sí, señor, estoy bien. ¿Usted está bien? —preguntó.

—Sí, Avery, estoy muy bien. —Esperé a que hablara, pero como no dijo nada, añadí lo de siempre—: Oye, intenté traerte una malteada de chocolate, pero los guardias no…

Avery me interrumpió diciendo:

—Ya me tomé una malteada de chocolate. Estoy bien.

Cuando empecé a hablar de la audiencia, sonrió. Hablamos durante una hora y luego fui a atender a otro cliente. Avery nunca más me pidió una malteada de chocolate. Conseguimos un nuevo juicio y finalmente logramos que saliera del corredor de la muerte y lo internaran en una institución en donde podía recibir tratamiento para su salud mental.

No volví a ver al guardia. Alguien me dijo que renunció a su puesto poco después de la última vez que lo vi.

CAPÍTULO ONCE

Me iré volando

Era la tercera amenaza de bomba en dos meses. Rápidamente salimos de la oficina y esperamos a que llegara la policía. Todo el equipo de EJI —cinco abogados, un investigador, los pasantes de la Facultad de Derecho y tres miembros del personal administrativo— estaba muy nervioso. Nadie había aceptado trabajar con nosotros para soportar amenazas de bomba.

Quería ignorar las amenazas, pero dos años antes, un abogado afroamericano de derechos civiles en Savannah, Georgia, de nombre Robert "Robbie" Robinson, fue asesinado cuando estalló una bomba que alguien envió a su oficina legal. Más o menos en la misma época, un juez federal de apelaciones, Robert Vance, fue asesinado en Birmingham al abrir un paquete bomba enviado por correo. Días después alguien envió otra bomba a una oficina de derechos civiles en Florida y luego una cuarta al juzgado de Atlanta. Parecía que los objetivos del terrorista eran profesionales del derecho con enfoque en derechos civiles. Nos advirtieron que podríamos recibir algún ataque y, durante semanas, llevamos con cuidado los paquetes que recibíamos por correo al tribunal federal para que los revisaran con máquinas de rayos X antes de abrirlos. Entonces las amenazas de bomba dejaron de ser una broma para nosotros.

Todos salieron de prisa mientras discutíamos la probabilidad de que en verdad hubiera una bomba en el edificio. El que llamó para amenazarnos había descrito nuestro edificio al detalle. Sharon, nuestra recepcionista, dijo que el hombre sonaba como una persona de mediana edad y del Sur, pero no pudo describirlo mejor. No era la primera vez que nos llamaba. "Voy a hacerles un favor", dijo amenazante. "Quiero que dejen de hacer lo que están haciendo. Mi primera opción no es matar a todos, así que lo mejor es que salgan de ahí ahora. La próxima vez no voy a darles una advertencia".

Aunque tenía a mi cargo varios casos, estaba seguro de que las amenazas eran en respuesta al caso de Walter McMillian. A Michael y a mí nos siguieron muchas veces mientras hacíamos trabajo de investigación en el Condado de Monroe. Recibía llamadas amenazantes en casa. Una llamada típica decía: "Si crees que vamos a permitir que ayudes a esa escoria salirse con la suya después de haber matado a aquella chica, estás muy equivocado. ¡Los vamos a matar a los dos!" Era difícil saber qué tan serias eran esas amenazas, pero sin duda eran desconcertantes.

Luego de salir del edificio, la policía entró a la oficina con perros. No encontraron bombas y, como el edificio no estalló tras hora y media de espera, todos regresamos a nuestras oficinas. Teníamos trabajo qué hacer.

Unos días después recibimos una llamada de la Corte del Condado de Baldwin. La encargada me llamó para avisarme que el juez Norton había dado su dictamen sobre el caso McMillian y me pidió mi número de fax para enviarme copia del veredicto. Esperé junto al fax, muy nervioso. Me preocupé cuando vi que eran solamente tres páginas.

El dictamen contenía una orden redactada de forma escueta por el juez Norton negándonos el alivio legal. Después de todo, la pena de muerte de Walter McMillian seguía en pie. Sospechaba que esa sería la respuesta del juez Norton. Pese a su interés durante la audiencia, nunca pareció interesado en la cuestión básica: si Walter era culpable o inocente.

Sin embargo, lo que me sorprendió fue lo superficial y desconsiderada que era esa orden de dos páginas y media. El juez únicamente hizo mención del testimonio de Ralph Myers e ignoró nuestros muchos argumentos legales y los testimonios de los más de doce testigos que presentamos.

Estaba decepcionado, pero no había perdido la esperanza. Podíamos dar un paso más: llevar la evidencia a la Corte de Apelaciones Penales de Alabama. Para ese entonces, discutíamos casos con regularidad en esa Corte y sus miembros empezaban a responder a nuestro activismo. Habíamos obtenido cuatro anulaciones de pena de muerte en 1990, cuatro más en 1991 y, para finales de 1992, conseguimos la liberación de otros ocho reclusos condenados a muerte. Aunque muchas veces la Corte se mostraba renuente, nosotros perseveramos y continuamos señalando serios errores en casos de condena a muerte.

Estaba confiado en que podíamos obtener la libertad del señor McMillian en una apelación. Incluso si la Corte no quería declarar que Walter era inocente y que debía ser dejado en libertad, la retención de pruebas exculpatorias (evidencia a su favor) era tan obvio y extremo que era probable que el caso requiriera un nuevo juicio. Le expliqué a Walter que recién en el Tribunal de Apelaciones Penales de Alabama estábamos llegando a un tribunal donde nuestros reclamos serían considerados seriamente.

Para entonces, Michael había sido contratado como abogado federal público en San Diego. Le entristecía dejar EJI, pero estaba listo para irse de Alabama. Uno de nuestros nuevos abogados, Bernard Harcourt, lo reemplazó en el caso de Walter. Bernard era muy parecido a Michael: era inteligente, decidido y un trabajador muy disciplinado. Se había preparado para emprender una carrera legal tradicional, hasta que llegó a trabajar con nosotros un verano y quedó fascinado por los problemas que presentan los casos de pena de muerte. Pronto se sumergió en el caso de Walter.

La multitud en la audiencia de Walter hizo que la comunidad hablara de lo que habíamos presentado en la Corte. Más personas comenzaron a presentarse con información útil y alegatos de corrupción y mala conducta policial. Bernard y yo continuamos siguiendo pistas y entrevistando a gente en el Condado de Monroe.

Sin embargo, no todos se dejaron convencer por la audiencia. Periódicos locales en Monroeville y Mobile publicaron artículos donde señalaban a Walter como un "capo de la droga", "depredador sexual" y "líder de una pandilla". Pese a la evidencia que presentamos durante la audiencia que demostraba que Walter no tuvo nada que ver con el asesinato de Pittman, los periódicos se enfocaron en alimentar el miedo hacia él. El discurso de la prensa era claro: este hombre era extremadamente peligroso.

Las amenazas que recibimos hicieron que me preocupara de la hostilidad y violencia que Walter enfrentaría si era puesto en libertad. Me pregunté qué tan seguro podría vivir en su localidad, si todos fuera de su comunidad estaban convencidos de que era un asesino peligroso.

El caso estaba ahora en manos de la Corte de Apelaciones Penales. Si el público pudiera saber lo que nosotros sabíamos, sería más fácil su regreso a la libertad. Queríamos que la gente comprendiera un hecho simple: *Walter no cometió ese asesinato.*

¿Podría la atención positiva de los medios de comunicación ayudar a nuestro caso? No estaba tan seguro. De hecho, el juez principal de la Corte, John Patterson, era conocido por haber demandado al *New York Times* por su cobertura del movimiento de derechos civiles cuando era gobernador de Alabama. Era una táctica común entre los políticos del Sur durante las protestas por los derechos civiles: acusar a los periódicos de intentar arruinar su reputación, incluso llegaban a demandar a los medios por difamación si su cobertura mostraba simpatía por los activistas de derechos civiles, o si criticaban a políticos o agentes de la ley sureños.

No tenía ninguna duda de que la cobertura de la prensa nacional del caso de Walter no ayudaría a nuestra causa en el Tribunal de Apelaciones Penales. Mi opinión y experiencia, en general, era que la cobertura mediática rara vez ayudaba a nuestros clientes. Más allá de la extendida desconfianza ante los medios en el Sur, el tema de la pena de muerte tenía una profunda carga política. Incluso los reportajes solidarios con los condenados a muerte normalmente provocaban un rechazo que creaba más problemas para el cliente y su caso. Pero pensaba que compartir una visión más informada de la condena de Walter y el asesinato podría convencer a algunos lugareños de que Walter era inocente. Además, asumiendo que algún día pudiéramos revertir su condena, lograría que tuviera una vida menos peligrosa tras su liberación.

Era algo temerario, pero creíamos que debíamos arriesgarnos y hacer pública su historia.

El reportero Pete Early tomó el caso, pasó tiempo con varios de los involucrados y rápidamente se mostró muy asombrado, como nosotros, de que Walter hubiera sido condenado con evidencia tan poco fiable.

Ese año di un discurso en la Facultad de Derecho de la Universidad Yale y en el público estaba un productor de *60 Minutes*, un reconocido programa de investigación de la CBS. Él también me llamó por teléfono. Durante el verano, presentamos nuestra apelación en la Corte de Apelaciones Penales y aunque todavía tenía muchas dudas, decidí aceptar el reportaje de *60 Minutes*. El experimentado reportero Ed Bradley y su productor, David Gelber, viajaron de Nueva York a Monroeville un día de julio, con 100 °F de temperatura, para entrevistar varias personas cuyos testimonios presentamos en nuestra audiencia. Hablaron con Walter, Ralph Myers, Karen Kelly, Darnell Houston, Clay Kast, Jimmy Williams, Woodrow Ikner y la familia de Walter. Confrontaron a Bill Hooks en su trabajo y realizaron una entrevista extensa con Tommy Chapman.

Cuando meses después, el reportaje de *60 Minutes* salió al aire, agentes de la ley y medios de comunicación locales buscaron desacreditarlo de manera inmediata, diciendo que ese reportaje causaba más daño a los padres de Ronda Morrison. Periodistas de diarios locales se quejaron de que esta nueva publicidad "podría llevar a muchas personas a pensar que McMillian es inocente".

Pero parte de la comunidad veía *60 Minutes* con regularidad y, en general, confiaba en el programa. Pese a la reacción de los medios locales, la cobertura de CBS le dio a la comunidad un resumen de la evidencia que habíamos presentado en la Corte y provocó que muchos se hicieran preguntas y dudaran de la culpabilidad de Walter.

Miembros de la comunidad negra, que habían discutido la injusta condena de Walter por años, mostraron su emoción al ver una cobertura honesta del caso. Con frecuencia recibíamos llamadas de personas que, simplemente, buscaban una actualización o aclaratoria de algún punto en particular sobre el cual se había debatido en una barbería o en una reunión social. Para muchos afroamericanos de la región, fue terapéutico ver las pruebas que habíamos presentado en el tribunal ahora expuestas en televisión nacional.

Resultó que, en privado, el fiscal federal Tom Chapman había empezado a preocuparse de la confiabilidad de la evidencia contra Walter. Dado que habíamos logrado revertir varias condenas a muerte, seguramente comenzó a temer que la Corte iba también a revertir la condena de Walter. El fiscal Chapman se había convertido en el rostro público de quienes defendían la condena y se dio cuenta de que había puesto en riesgo su propia integridad al confiar en el trabajo de investigadores locales, un trabajo que ahora se revelaba casi risiblemente defectuoso.

Poco después de la audiencia, Chapman llamó a Tate, Larry Ikner y Benson para pedirles que le explicaran la evidencia contradictoria que habíamos presentado. No le impresionó lo que escuchó y finalmente decidió pedirles a los oficiales de la ABI en Montgomery que volvieran a examinar la evidencia y que condujeran otra investigación para confirmar si el señor McMillian era culpable, algo que le pedimos que hiciera por más de dos años.

Chapman nunca nos dijo directamente que había encargado otra investigación. Nos enteramos cuando los nuevos investigadores de la ABI, Tom Taylor y Greg Cole, me llamaron. Luego de reunirme con ellos, tenía aún más esperanzas sobre los resultados de esa nueva investigación, pues ninguno de los dos tenía relación con la gente del sur de Alabama. Taylor y Cole parecían profesionales que trabajan sin rodeos, experimentados e interesados en hacer un trabajo confiable y honesto.

Les entregamos nuestros archivos y la evidencia del caso. No teníamos nada que esconder. Confiaba en que cualquier investigación razonable y honesta iba a revelar lo absurdo de los cargos contra Walter.

En enero se cumplían seis meses de que hubiéramos presentado nuestra apelación a la Corte de Apelaciones Penales y, en cualquier momento tenían que responder con la decisión. Fue entonces cuando me llamó Tom Taylor y dijo que Cole y él querían reunirse de nuevo con nosotros. Habíamos hablado con ellos varias veces durante la investigación, pero esta vez finalmente íbamos a discutir sus hallazgos. Cuando llegaron, Bernard y yo nos sentamos en mi oficina y fueron directo al grano.

—No es posible que Walter McMillian haya asesinado a Ronda Morrison —dijo Tom Taylor de forma clara y directa—. Vamos a reportar ante el fiscal general, el fiscal federal y cualquiera que le interese que Walter no estuvo involucrado con ninguno de estos asesinatos y que es completamente inocente.

Intenté ocultar mi entusiasmo. No quería ahuyentar las buenas noticias.

—Estupendo —dije, intentando no parecer sorprendido—. Me alegra escuchar esta noticia y debo decirles que estoy muy agradecido de que hayan revisado la evidencia de este caso cuidadosa y honestamente.

—Bueno, no fue tan difícil confirmar que el señor McMillian no tuvo nada que ver con el asesinato de Ronda Morrison,

—respondió Taylor—. Lo que los oficiales de la ley nos contaron del señor McMillian no tenía mucho sentido y la historia que Myers contó en el tribunal sí que no tenía sentido alguno. Aún no puedo creer que el jurado lo hubiera condenado.

—Seguro les interesará saber que tanto Hooks como Hightower admitieron que sus testimonios en el juicio fueron falsos —dijo Cole.

—¿En serio? —dije. No pude ocultar mi sorpresa ante esto.

—Sí. Cuando nos pidieron investigar el caso, nos dijeron que deberíamos investigarte a ti también, porque Hooks había dicho que tú le habías ofrecido dinero y un apartamento en México si cambiaba su testimonio —dijo Taylor totalmente en serio.

—¿Un apartamento en México?

—Sí, en la playa, creo —dijo Cole con indiferencia.

—Un momento. ¿Yo? ¿Yo le iba a dar un apartamento en la playa en México a Bill Hooks si alteraba su testimonio en contra de Walter? —Estaba en *shock* y no podía ocultarlo.

—Sé que para ti suena como una locura, pero créeme, hay gente por allá que quería acusarte de algún crimen. Pero cuando hablamos con Hooks, le tomó muy poco tiempo, no solo reconocer que nunca había hablado contigo ni que habías intentado sobornarlo, sino también admitir que el testimonio que dio contra el señor McMillian era una gran mentira.

—Nunca tuvimos dudas de que Hooks había mentido —aclaré.

Cole soltó una risita.

—Empezamos a hacerle pruebas de polígrafo a la gente y todo se derrumbó rápidamente.

Bernard luego hizo una pregunta clave.

—¿Cuál es el siguiente paso?

Taylor miró a su compañero de trabajo y luego a nosotros.

—Bueno, no hemos terminado del todo. Nos gustaría resolver este crimen. Me pregunto si ustedes estarían dispuestos a ayudarnos. Sé que no quieren llevar a nadie al pabellón de la muerte, pero pensamos que ustedes podrían brindarnos ayuda para identificar al verdadero asesino. Creemos que la gente estaría más dispuesta a aceptar la inocencia del señor McMillian, si saben quién realmente asesinó a Ronda Morrison.

Aunque era ridículo pensar que la libertad de Walter dependía del arresto de alguien más, hacía tiempo que habíamos llegado a la conclusión de que encontrar al verdadero asesino sería la forma más efectiva de liberarlo. Sin embargo, sin los oficiales de la ley de nuestro lado, estábamos limitados en lo que podíamos descubrir.

De momento teníamos lo siguiente: varios testigos nos habían dicho que un hombre blanco salió de la tintorería aproximadamente a la hora en que ocurrió el asesinato. Sabíamos también que, antes de su muerte, Ronda Morrison había recibido llamadas amenazantes y que había un hombre que la había perseguido de manera inapropiada, pasando sin previo aviso por la tintorería, tal vez incluso acosándola. No habíamos logrado identificar a ese hombre. No habíamos logrado indentificar a ese hombre, pero teníamos nuestras sospechas. Había un hombre blanco que tenía mucho interés en el caso y que frecuentemente nos llamaba para preguntar por la investigación. A veces nos insinuaba que tenía información que podía ayudarnos y muchas veces nos dijo que nos ayudaría a probar que Walter McMillian era inocente. Incluso decía saber dónde estaba el arma homicida, que nunca fue recuperada.

Investigamos el pasado del autor de estas llamadas y descubrimos antecedentes de acoso, violencia contra la mujer y una fijación con el asesinato de Morrison. Empezamos a pensar que el autor de esas llamadas era el asesino de Ronda Morrison. Tuvimos decenas de conversaciones telefónicas con él e incluso nos reunimos un par de veces. En una ocasión le preguntamos dónde estaba cuando ocurrió el asesinato, lo que debió haberlo alarmado porque después de eso llamó con menos frecuencia.

Antes de poder compartir esta información con los investigadores de la ABI, Taylor nos dio el nombre de nuestro sospechoso. Le pedí a Taylor que nos diera unos días para organizar la información y las grabaciones de las llamadas, para poder entregarle todo.

—Queremos que Walter salga de prisión lo más pronto posible —dije.

—Creo que al fiscal general y a los abogados les interesa mantener el *statu quo* por unos meses, hasta que podamos arrestar al verdadero asesino.

—Claro, ¿pero entienden que el *statu quo* es un problema para nosotros? Walter ha pasado casi seis años en el corredor de la muerte por un crimen que no cometió.

Taylor y Cole se miraron con incomodidad. Taylor admitió:
—Si estuviera preso por algo que no hice y tú fueras mi abogado, esperaría salir lo más pronto posible.

Al terminar, Bernard y yo estábamos muy contentos, pero nos inquietó el plan de "mantener el *statu quo*". Estaba molesto con el hecho de que el Estado intentaría atrasar cualquier orden que le diera alivio a Walter. Aunque esto era consistente con todo lo que había ocurrido en los últimos seis años, no dejaba de ser una locura. Le dijimos a la Corte que había muchísima evidencia de que se habían violado los derechos del señor McMillian y que le correspondía ser puesto en libertad de inmediato. Retrasar este alivio causaría aún más daño a un hombre injustamente condenado a muerte por un delito que no cometió.

Para entonces, hablaba con Minnie y la familia de Walter todas las semanas y los mantenía al tanto de la nueva investigación que realizaba el Estado.

—Siento que algo bueno está a punto de ocurrir, Bryan —dijo Minnie—. Lo han mantenido encerrado por años. Es hora de que lo dejen salir. Tienen que dejarlo salir.

Apreciaba su optimismo, pero también estaba preocupado. Ya en otras ocasiones nos habían decepcionado.

Manejar las expectativas de la familia de Walter era una tarea compleja. Sentía que mi deber era ser la voz cautelosa que los preparaba para lo peor, aunque al mismo tiempo los instaba a esperar lo mejor. Cada vez más veía cuán importante es la esperanza en la creación de justicia.

El 23 de febrero, casi seis semanas después de obtener el reporte de la ABI, recibí una llamada de la secretaria judicial. La Corte de

Apelaciones Penales había emitido sentencia para el caso de Walter y podíamos ir a recogerla.

—Esto te va a gustar —dijo ella misteriosamente.

Corrí a la Corte. Cuando me senté a leer las treinta y cinco páginas de la sentencia, estaba sin aliento. La secretaria tenía razón. La sentencia invalidaba la condena y la pena de muerte contra Walter. La Corte no llegó a la conclusión de que Walter era inocente y debía ser puesto en libertad, pero falló a nuestro favor en todos los demás reclamos, y ordenó un nuevo juicio.

No me había dado cuenta de lo mucho que temía perder hasta que finalmente ganamos.

Luego corrí a mi auto y me apresuré a llegar al corredor de la muerte para darle las buenas noticias a Walter en persona. Vi cómo lo asimilaba todo. Se inclinó hacia atrás y me ofreció una sonrisa que yo conocía muy bien.

—Bueno —dijo lentamente—, son buenas noticias, esas son buenas noticias.

—¿Buenas? ¡Son fantásticas!

—Sí, sí lo son. —Ahora sonreía con una libertad que no había visto antes—. Uf, hombre, no lo puedo creer, no lo puedo creer. ¡Uf!

Su sonrisa empezó a desaparecer y luego empezó a sacudir la cabeza.

—Seis años, seis años perdidos. —Miró a lo lejos con expresión de dolor—. Los he sentido como si fueran cincuenta. Seis años simplemente perdidos. Estaba tan preocupado de que me fueran a matar, que ni siquiera pensé en el tiempo que estaba perdiendo.

Su mirada atormentada me devolvió a la realidad.

—Lo sé, Walter y aún hay trabajo por hacer —dije—. Esta sentencia solo nos da un nuevo juicio. Considerando lo que dijo la ABI, no creo que intenten enjuiciarte de nuevo, pero con esta gente, nunca está garantizada la conducta razonable. Voy a intentar llevarte de vuelta a casa lo más pronto posible.

Pensar en volver a casa aligeró su humor y empezamos a hablar de las cosas que habíamos temido tocar desde que nos conocimos. Me comentó:

—Quiero conocer a todos los que me han ayudado en Montgomery y después ir a todos lados contigo, y contar lo que hicieron por mí. Acá hay otros que son tan inocentes como yo. —Hizo una pausa y volvió a sonreír—. Oye, quiero comer buena comida también. No he probado comida de verdad en tanto tiempo que no puedo recordar a qué sabe.

—Lo que tú quieras, yo invito —dije con orgullo.

—Por lo que he escuchado, no creo que puedas costear lo que quiero comer —bromeó—. Quiero filete de res, pollo, cerdo, quizás hasta un poco de mapache bien cocido.

Nos relajamos, empezamos a reír y bromear. Había reído con Walter antes. Su sentido del humor permanecía intacto a pesar de haber pasado seis años en el corredor de la muerte. Pero ese día su risa se sintió diferente. Era la risa de la libertad.

Manejé de vuelta a Montgomery y pensé en cómo apresurar la liberación de Walter. Llamé a Tommy Chapman y le dije que quería presentar una moción para que se retiraran todos los cargos en contra de Walter, teniendo en cuenta la decisión de la Corte de Apelaciones. Le pregunté si consideraría unirse a la moción o al menos no oponerse a ella. El hombre suspiró. "Voy a considerar unirme a tu moción. Sin duda no vamos a oponernos a ella".

De hecho, el Estado se unió a nuestra moción para retirar los cargos. Se fijó una audiencia final sobre la moción, que no duraría más que unos minutos.

Walter finalmente sería capaz de salir de la Corte como un hombre libre.

La noche antes de la audiencia, fui a casa de Minnie para buscarle un traje a Walter. Cuando llegué, ella me dio un gran abrazo. Parecía que había llorado y que no había dormido. Nos sentamos y me dijo de nuevo lo feliz que estaba de que lo dejaran salir. Pero parecía preocupada. Finalmente, se volvió hacia mí.

—Bryan, creo que tienes que decirle que no debería volver aquí. Ha sido demasiado. El estrés, los chismes, las mentiras, todo. Él no merecía soportar eso, todo lo que tuvo que atravesar y por siempre me dolerá en el corazón lo que le hicieron, así como al resto de nosotros. Pero no creo que pueda volver a cómo eran las cosas antes.

—Creo que deberías hablar con él cuando vuelva a casa.

—Queremos que todos vengan a su casa cuando sea puesto en libertad —dijo—. Queremos cocinarle y todos quieren celebrar con él. Pero después de eso, tal vez debería irse a Montgomery contigo.

Ya había conversado con Walter sobre no quedarse en Monroeville las primeras noches, por su seguridad. Hablamos de que debería pasar un tiempo con su familia en Florida mientras veíamos cómo reaccionaba la gente del condado ante su liberación. Pero no había discutido su futuro junto a Minnie.

Manejé de vuelta a Montgomery y tristemente me di cuenta de que, incluso si estábamos a punto de obtener una victoria y lo que sería una gloriosa liberación para Walter y su familia, toda esta pesadilla —la condena, la sentencia a muerte, la angustia y la devastación que causó un gran error judicial— quizás nunca terminaría para Walter.

Cuando llegué a la Corte, la mañana siguiente, afuera había una multitud de medios de comunicación locales, estatales y nacionales. Docenas de familiares de Walter y amigos de la comunidad estaban ahí para saludarlo cuando fuese puesto en libertad. Habían fabricado carteles y pancartas, lo que me sorprendió. Eran unos gestos muy humildes y sencillos, pero me conmovió verlos. Los carteles le daban voz a la multitud que esperaba a Walter: *Bienvenido a casa, Johnny D, Dios nunca falla, Al fin libres, gracias a Dios todopoderoso, al fin somos libres.*

Entré a la prisión y le di a Walter su traje. Le dije que su familia había planeado una celebración en casa después de la audiencia. La prisión no le dejó a Walter llevar sus posesiones al juzgado, pues se rehusaba a reconocer que podría quedar libre, de modo que tras la audiencia tendríamos que ir a la prisión de Holman a traer sus pertenencias antes de ir a su fiesta de bienvenida. También le dije que le había reservado una habitación de hotel en Montgomery y que probablemente lo más seguro era pasar unas noches ahí.

Un poco incómodo, le hablé de la conversación que había tenido con Minnie. Parecía sorprendido y herido, pero no le dio demasiada importancia.

212 · SOLO CLEMENCIA

—Este es realmente un día feliz para mí. Nada puede arruinar el hecho de que volveré a ser un hombre libre.

—Bueno, en algún momento deberían hablar y aclarar las cosas —dije, motivándolo.

Subí las escaleras y me topé con Tommy Chapman, que estaba esperándome. —Al terminar, me gustaría darle la mano a Walter —me dijo—. ¿Crees que estaría bien?

—Creo que Walter te lo agradecería —dije.

—Este caso me ha enseñado cosas que ni siquiera sabía que debía aprender —dijo Chapman.

—Todos hemos aprendido mucho, Tommy.

Todos eran inusualmente amables. El juez Norton se había retirado unas semanas antes de la sentencia y la nueva jueza, Pamela Baschab, me saludó con calidez. —Señor Stevenson, no necesito discursos ni declaraciones —dijo—. Mi intención es otorgar la moción de forma inmediata para que todos puedan irse a casa. Podemos hacer esto rápidamente.

Esa vez no hubo detector de metales ni un perro de aspecto amenazador. El juzgado estaba lleno de familiares y simpatizantes de Walter. Afuera había incluso más afroamericanos que no pudieron entrar a la sala. Una horda de cámaras de televisión y periodistas salieron de la abarrotada sala del tribunal.

Finalmente llevaron a Walter al juzgado. Llevaba el traje negro y la camisa blanca que le había entregado. Los guardias no lo esposaron ni encadenaron sus pies, de modo que entró saludando a familiares y amigos. Muchos en la multitud se quedaron sin aliento. Sus familiares no lo habían visto llevar otra ropa más que el uniforme blanco de la prisión los últimos seis años. Se veía muy guapo y en forma; parecía otro hombre.

La jueza subió al estrado y di un paso al frente para hablar. Di un breve resumen del caso e informé a la Corte que tanto el acusado como el Estado estaban pidiendo desestimar todos los cargos. Rápidamente la jueza otorgó la moción y preguntó si había algo más que discutir. Todos se comportaron de forma generosa y complaciente. Era como si quisieran asegurarse de que no existían rencores o resentimientos.

Extrañamente, me sentí agitado. Estábamos a punto de salir de la Corte por última vez, había comenzado a pensar en el dolor y sufrimiento que le habían causado a Walter, a su familia y a toda la comunidad. Pensé que si el juez Robert E. Lee Key Jr. no hubiera anulado el veredicto del jurado que condenaba a Walter a cadena perpetua sin opción de libertad condicional y no le hubiera impuesto la pena de muerte —que es lo que llamó nuestra atención sobre el caso—, es probable que Walter hubiera pasado el resto de su vida tras las rejas y muerto en prisión. Pensé que, con toda seguridad, cientos, quizás miles de personas, eran tan inocentes como Walter, pero nunca iban a obtener la ayuda que necesitaban. Sabía que no era momento de dar un discurso, pero no pude evitar hacer un comentario final.

—Su señoría —dije con fuerza—. Quiero decir algo antes de que levante la sesión. Fue muy fácil condenar a un hombre acusado injustamente por asesinato y condenarlo a muerte por algo que no hizo, ha sido muy difícil obtener su libertad y probar su inocencia. En este Estado tenemos serios problemas y un trabajo importante que hacer.

Tomé asiento y la jueza declaró que Walter podía irse a casa. Y así, sin más, era un hombre libre.

Walter me abrazó con fuerza y le di un pañuelo para que se secara las lágrimas. Walter aceptó darle la mano a Chapman y lo hizo con aplomo. Le pedí a Bernard que dijera a los familiares y simpatizantes de Walter que los veríamos afuera, en la calle.

Walter se ubicó cerca de mí mientras respondíamos preguntas de la prensa. Me di cuenta de que estaba abrumado por todo, así que, luego de unos minutos, detuve las preguntas. Los camarógrafos nos siguieron mientras salíamos del juzgado. Afuera, decenas de personas aplaudieron y ondearon sus carteles. Los familiares de Walter corrieron a abrazarlo y me abrazaron a mí también. Los nietos de Walter lo tomaron de las manos. Walter no podía creer cuánta gente estaba ahí. Incluso si algunos hombres se acercaban a darle la mano, les daba un abrazo. Les dije a todos que Bernard y yo teníamos que llevar a Walter a la prisión para recoger sus cosas y que luego iría directo a su casa.

De camino a la prisión, Walter me dijo que algunos de los hombres en el corredor de la muerte organizaron una ceremonia especial para celebrar su última noche ahí. Llegaron a rezar por él y abrazarlo por última vez. Walter les dijo que se sentía culpable de dejarlos atrás. Le dije que no se sintiera así, pues todos estaban muy felices de saber que se iba a casa. Su libertad era, de un modo discreto, una señal de esperanza en un lugar sin esperanza.

Fuimos a la oficina de la prisión para recoger las pertenencias de Walter: sus documentos legales, su correspondencia conmigo, cartas de la familia y simpatizantes, una Biblia, el reloj Timex que llevaba puesto cuando lo arrestaron y la billetera que tenía en junio de 1987, cuando empezó la pesadilla. La billetera aún contenía veintitrés dólares. Walter le había regalado su ventilador, el diccionario y un poco de comida que tenía en su celda a otros reclusos.

Algunos guardias nos observaron mientras salíamos por la puerta principal de la prisión. Miembros de la prensa, de la familia y la comunidad habían seguido nuestro auto hasta la prisión. Mucha gente estaba reunida fuera. Vi a la señora Williams. Walter se acercó a ella y le dio un abrazo. Ella me dirigió la mirada y me guiñó un ojo. No pude más que reírme.

Desde sus celdas, los hombres podían ver a la multitud reunida afuera y empezaron a gritarle palabras de aliento a Walter mientras se alejaba caminando. No pudimos verlos desde afuera, pero igual sus voces sonaron con fuerza. Las voces eran inquietantes, dado que no sabíamos quiénes eran los que gritaban, pero también estaban llenas de emoción y esperanza. Una de las últimas voces que escuchamos fue la de un hombre que gritaba:

—¡Mantente fuerte, hombre! ¡Mantente fuerte!.

—¡Así lo haré! —respondió Walter con un grito.

De camino al auto, Walter levantó los brazos y suavemente los movió de arriba abajo, como tomando vuelo. Me miró y dijo:

—Me siento como un pájaro, me siento como un pájaro.

CAPÍTULO DOCE

Madre, madre

Puede que Marsha Colbey y su esposo Glen hayan sido pobres, pero siempre le dieron todo su amor a la familia. Marsha, una mujer blanca de cuarenta y tres años, de un pueblo rural de Alabama, ya tenía seis hijos cuando se enteró de que estaba embarazada una vez más. Marsha sabía que un embarazo a su edad era riesgoso, pero no podía costear una cita con el doctor. Un día mientras estaba en la ducha, empezó el trabajo de parto de forma extremadamente temprana y dio a luz a un bebé que nació sin vida. Marsha intentó con desesperación reanimar a su hijo, pero fue en vano. El nacimiento de un bebé muerto es el tipo de tragedia que, Marsha y su familia, habrían mantenido en privado de no ser por una vecina entrometida y chismosa que desconfiaba de los Colbey desde años atrás.

Debbie Cook notó un día que Marsha Colbey ya no estaba embarazada pero tampoco tenía el bebé en brazos, lo que despertó su curiosidad. Cook llamó a la policía con la esperanza de que investigaran al infante "ausente". Increíblemente, Marsha Colbey, a pocas semanas de haber dado a luz a un bebé muerto, fue arrestada y acusada de homicidio capital.

El jurado del caso de la señora Colbey la declaró culpable de asesinato punible con pena de muerte. El juzgado de primera instancia la sentenció a cadena perpetua sin opción de libertad condicional y, poco tiempo después, se vio esposada camino a la Prisión para Mujeres Julia Tutwiler.

Cada diez días, entre 1990 y 2005, se inauguraba una nueva prisión en los Estados Unidos. El aumento de prisiones y el "complejo industrial penitenciario" —los intereses de negocio que capitalizan la construcción de prisiones— hizo del encierro carcelario un negocio rentable. El encarcelamiento se convirtió en la respuesta para todo. ¿Problemas de salud como la drogadicción? ¿La pobreza llevó a alguien a dar un cheque sin fondos? ¿Trastornos de conducta infantil? ¿Inmigración indocumentada? La solución a todos estos problemas, según los legisladores, era enviar gente a prisión. En los últimos veinticinco años, en los Estados Unidos se ha gastado más dinero que nunca en *lobby* para expandir la población carcelaria, bloquear reformas a las sentencias, crear nuevas categorías criminales y mantener el miedo y la ira que alimentan el encarcelamiento masivo.

En los Estados Unidos, el número de mujeres enviadas a prisión aumentó un 646% entre 1980 y 2010. Con cerca de doscientas mil mujeres en cárceles de todo el país, y más de un millón bajo supervisión o en control del sistema de justicia criminal, el encarcelamiento de mujeres ha alcanzado cifras nunca vistas.

La mayor parte de las mujeres encarceladas —casi dos tercios— están en prisión por delitos no violentos de menor categoría relacionados con las drogas o delitos contra la propiedad. La legislación para el control de drogas ha tenido un gran impacto en el número de mujeres que son enviadas a prisión. Lo mismo ocurre con las leyes de los *tres strikes*, que incrementan las sentencias para personas con condenas previas.

Para cuando Marsha Colbey fue arrestada, las cinco mujeres en Alabama que estaban en el pabellón de la muerte habían sido sentenciadas por las muertes inexplicables de sus hijos pequeños, sus esposos o novios violentos. De hecho, en todo el país, la mayoría de las mujeres en el corredor de la muerte se enfrentan a una ejecución por un delito familiar que comprende abuso infantil o violencia doméstica, e involucra a una pareja masculina.

El asesinato de un niño a manos de uno de sus padres es un acto horripilante y suele complicarse con alguna enfermedad mental grave. Pero estos casos también generan con frecuencia distorsiones y sesgos. La policía y los fiscales han sido influenciados por la cobertura mediática, y la presunción de culpabilidad ha caído sobre miles de mujeres —particularmente mujeres pobres en circunstancias difíciles— cuyos hijos mueren inesperadamente. En un país que gasta más dinero en salud que cualquier otro país del mundo, la incapacidad de muchas mujeres pobres de recibir atención de salud adecuada —incluido el cuidado prenatal y posparto— ha sido, por décadas, un problema serio. La criminalización de la mortalidad infantil y la persecución a mujeres pobres cuyos hijos mueren ha adquirido nuevas dimensiones en el siglo veintiuno en Estados Unidos, y las prisiones del país son testimonios de este cambio.

Las mujeres pobres han sido criminalizadas, no solo por las muertes inexplicables de bebés, sino también por otros tipos de "crianza deficiente". En el 2006, Alabama aprobó una ley que consideraba un delito exponer a un niño a un "ambiente peligroso", en el que podría encontrar drogas. En apariencia, esta medida se implementó para proteger a niños que viven en casas donde había laboratorios de metanfetaminas u operaciones de tráfico de drogas. Pero la ley fue aplicada de forma más amplia y, en poco tiempo, miles de madres que vivían con sus hijos en comunidades marginalizadas y pobres, donde proliferan las drogas y la drogadicción, se vieron en riesgo de ser enjuiciadas.

Con el tiempo, la Corte Suprema de Alabama amplió el término *ambiente* para que incluyera el vientre de una madre y el término *niño* para incluir a los fetos. Mujeres embarazadas podían ahora ser enjuiciadas y enviadas a prisión por décadas si había evidencia de que habían consumido drogas en algún momento del embarazo. En años recientes, docenas de mujeres han sido enviadas a prisión bajo esta ley, en lugar de recibir la ayuda que necesitan.

Construida en 1940, la prisión Tutwiler está ubicada en Wetumpka, Alabama. La prisión lleva el nombre de Julia Tutwiler, una mujer que promovió la educación para los reclusos y el trato y condiciones dignas para presidiarios. Sin embargo, Tutwiler se ha convertido en lo opuesto a lo que su nombre representa: una peligrosa pesadilla para las mujeres atrapadas allí. Los tribunales han determinado repetidamente que la prisión está superpoblada incluso contra mandatos constitucionales, con casi el doble del número máximo de mujeres que la prisión puede albergar.

Empecé a cuestionar las condiciones de confinamiento en Tutwiler a mediados de los ochenta, cuando era un joven abogado en el Comité de Defensa de los Prisioneros del Sur. En ese entonces, me sorprendió encontrar mujeres en prisión por delitos tan leves. Una de las primeras mujeres encarceladas que conocí fue una joven madre que cumplía una larga sentencia por pagar con cheques sin fondos —ninguno por más de $150— para comprarles regalos de Navidad a sus tres hijos. No fue la única. Miles de mujeres han recibido largas sentencias y están en prisión por pagar con cheques sin fondos, o por delitos menores contra la propiedad que activaron penas mínimas obligatorias.

Las consecuencias colaterales de encarcelar a mujeres son importantes. Entre 75 y 80% de las reclusas son madres de menores de edad. Casi el 65% de ellas vivían con niños pequeños cuando fueron arrestadas. Y esos niños que, como resultado del encarcelamiento de sus madres, se enfrentaron de repente a situaciones vulnerables y de riesgo, van a enfrentarlas por el resto de sus vidas, incluso después de que sus madres vuelvan a casa.

En 1996, el Congreso aprobó una legislación que innecesariamente incluía una disposición que autorizaba a los Estados a prohibir que personas con antecedentes penales por drogas recibieran beneficios públicos o asistencia social. Esta ley desatinada afecta de manera sustancial la vida de mujeres previamente encarceladas y que tienen hijos, muchas de las cuales fueron enviadas a prisión por crímenes relacionados con drogas. Estas mujeres y sus hijos ya no pueden vivir en viviendas públicas o sociales, recibir cupones de alimentos o acceder a servicios básicos. En los últimos veinte años, hemos creado una nueva clase de "intocables" en Estados Unidos, conformada por madres y niños en situación vulnerable.

Marsha pasó sus primeros días en la prisión de Tutwiler en estado de incredulidad. Conoció a otras mujeres como ella que habían sido llevadas a prisión por haber dado a luz a bebés nacidos muertos. Efernia McClendon, una adolescente negra de Opelika, Alabama, quedó embarazada mientras estaba en la secundaria y no les dijo a sus padres. Dio a luz luego de cinco meses y dejó los restos de su bebé muerto en un foso de drenaje. Cuando los encontraron, la policía interrogó a Efernia hasta que reconoció que no podía estar 100% segura de que el bebé no se había movido antes de morir, aun cuando el parto prematuro hacía que esta posibilidad fuera extremadamente improbable. Amenazada de recibir la pena de muerte, fue enviada a prisión por tener un embarazo no deseado y poco acceso a atención de salud.

Luego de conocer a Marsha Colbey, de inmediato empezamos a trabajar en una apelación para ella. Decidimos cuestionar el caso de la fiscalía y la en que se había seleccionado al jurado.

Charlotte Morrison, becaria Rhodes y antigua estudiante mía, ahora trabajaba como abogada senior en EJI. Ella y la abogada Kristen Nelson se reunieron con Marsha varias veces. Marsha les hablaba de su caso, del reto de mantener a su familia unida con ella en prisión y de otros problemas diversos. Pero de lo que conversaban con más frecuencia durante esas visitas era la violencia sexual que tenía lugar en Tutwiler.

Los guardias hombres de Tutwiler violaban, acosaban sexualmente y explotaban a las reclusas, además de otras formas de abuso. El director dejaba que los guardias entraran a las duchas durante el conteo de la prisión. Los oficiales miraban a las mujeres desnudas y les hacían comentarios crudos y amenazas sugestivas. Las mujeres no tenían privacidad en los baños, donde los oficiales podían verlas mientras usaban el inodoro. Había esquinas y pasillos oscuros, espacios aterradores donde las mujeres podían ser golpeadas o agredidas sexualmente. EJI había pedido al Departamento Correccional que instalara cámaras de seguridad en los dormitorios, pero se negaron. La cultura de violencia sexual era tan generalizada, que incluso el capellán de la prisión agredía sexualmente a las mujeres cuando iban a la capilla.

Charlotte y yo tomamos el caso de otra mujer que había presentado una demanda federal civil tras ser violada en Tutwiler. Los detalles de su experiencia eran tan dolorosos que ya no podíamos ignorar la violencia. Empezamos una investigación para la cual entrevistamos a más de cincuenta mujeres. Nos sorprendió mucho ver cuán extendido se había vuelto el problema de la violencia sexual. Varias reclusas violadas quedaron embarazadas. Incluso cuando pruebas de ADN confirmaron que los guardias hombres eran los padres de esos niños, se hizo poco al respecto. Algunos oficiales eran reasignados temporalmente para desempeñar otras labores o enviados a otras prisiones, para luego volver a Tutwiler, donde podían seguir acechando a las reclusas. Poco después, presentamos una queja ante el Departamento de Justicia de Estados Unidos e hicimos públicos varios reportes sobre el problema, los cuales recibieron amplia atención de los medios. Tutwiler entró en la lista de las diez peores prisiones del país, elaborada por *Mother Jones*. A esto le siguieron audiencias legislativas y cambios de política carcelaria. Los guardias hombres ahora tienen prohibida la entrada a las duchas y los baños, y un nuevo director se ha hecho cargo de las instalaciones.

Marsha persistió pese a los retos y empezó a abogar por algunas de las mujeres más jóvenes. Nos sentimos devastados cuando la Corte de Apelaciones Penales emitió un fallo que ratificaba su condena y sentencia. Buscamos una revisión en la Corte Suprema de Alabama y obtuvimos un nuevo juicio, basándonos en que el juez de primera instancia se había negado a excluir del jurado a personas de mentalidad sesgada e incapaces de ser imparciales. Marsha y nuestro equipo estaban muy emocionados; los oficiales del Condado de Baldwin, no tanto. Amenazaron con presentar una nueva acusación. Involucramos a patólogos expertos y convencimos a las autoridades locales de que no había base legal para condenar a Marsha por homicidio. Nos tomó dos años resolver el caso y un año más de disputas con el Departamento de Correcciones para que Marsha finalmente fuese puesta en libertad en diciembre de 2012, tras diez años encarcelada injustamente.

El día que salió de Tutwiler, Marsha fue a las oficinas de EJI a darnos las gracias a todos. Su esposo y sus dos hijas fueron a recogerla a la prisión. Su hija menor, de unos doce años, hizo llorar a la mayoría del personal, porque se negó a soltar a su madre todo el tiempo que estuvo con nosotros. Se aferró a la cintura de Marsha, tomó su brazo y se apoyó en ella como si no fuera a permitir que nadie las separara físicamente nunca más. Tomamos fotos de Marsha y miembros de nuestro equipo, y su hija está en cada una de las fotografías porque no quiso soltar a su madre. Eso nos dijo mucho sobre el tipo de madre que era Marsha Colbey.

CAPÍTULO TRECE

Recuperación

Los acontecimientos que ocurrieron los días y semanas posteriores a la liberación de Walter fueron completamente inesperados. El *New York Times* cubrió su exoneración con un artículo en la portada. Fuimos desbordados por solicitudes de medios de comunicación; Walter y yo dimos entrevistas a canales de televisión locales, nacionales e incluso internacionales. Yo mantenía la esperanza de que si la gente del Condado de Monroe escuchaba suficientes informes de que Walter había sido liberado porque era inocente, estarían menos reacios a aceptar su regreso a casa.

Walter no era la primera persona en salir del corredor de la muerte tras ser declarado inocente. Antes que él, habían sido liberadas varias decenas de personas previamente condenadas a muerte injustamente. El Death Penalty Information Center (Centro de Información sobre la Pena de Muerte) reportó que

Walter era la persona número cincuenta en ser exonerada desde 1976. Sin embargo, pocos casos anteriores llamaron tanto la atención de los medios.

Durante la época en que Walter fue liberado, los medios le daban cada vez más cobertura a la pena de muerte, impulsados por un aumento en el número de ejecuciones. En 1992, un año antes de que Walter fuese puesto en libertad, treinta ocho personas fueron ejecutadas en Estados Unidos, la cifra de ejecuciones más alta desde 1976, cuando comenzó la era moderna de la pena de muerte en el país. Desde entonces, los números fueron en aumento (en 1999 se realizaron noventa y ocho ejecuciones). El caso de Walter complicó el debate de forma explícita; los políticos y agentes del orden querían más ejecuciones y que se realizaran con mayor rapidez, pero Walter era un hombre inocente que estuvo a punto de ser asesinado.

Conforme hablamos con los medios de comunicación y dábamos entrevistas, Walter se mantuvo relajado y jovial, lo cual resultó ser algo muy efectivo: verlo contar su historia con tan buen humor, inteligencia y sinceridad aumentó el horror del público al saber que el Estado estuvo determinado a ejecutar a ese hombre en nombre nuestro.

Ocasionalmente, Walter me decía que aún lo atormentaban los casos de los hombres que había dejado atrás en el corredor de la muerte. Consideraba que los hombres que conoció ahí eran sus amigos. Walter se convirtió en un opositor feroz de la pena de muerte, algo que admitió no haber siquiera considerado hasta que lo vivió en carne propia.

RECUPERACIÓN · 229

Unos meses después de que Walter obtuvo su libertad, yo todavía estaba nervioso por su retorno a Monroe. Tras su salida, cientos de personas fueron a su casa a celebrar su libertad, pero sabía que no todos en la comunidad estaban encantados. No le conté a Walter de las amenazas de muerte y de bomba que recibimos hasta su liberación, y luego le dije que debíamos tener cuidado. Luego de salir de prisión pasó una semana en Montgomery. Después se mudó a Florida para vivir con su hermana por un par de meses. Seguíamos hablando casi todos los días. Había aceptado que su esposa Minnie quisiera seguir adelante con su vida y, básicamente, parecía feliz y lleno de esperanza.

Pero eso no significaba que su tiempo en prisión no hubiera dejado secuelas. Cada vez hablaba más y más de lo insoportable que había sido vivir bajo la constante amenaza de ser ejecutado. Compartió conmigo, por primera vez, algunos de los miedos y dudas que sintió cuando estuvo encarcelado. Había visto cómo se llevaron a seis hombres a su ejecución mientras estuvo en el corredor de la muerte. En el momento de las ejecuciones, afrontó la situación igual que los demás prisioneros: con protestas simbólicas y una angustia solitaria. Pero me dijo que no se había dado cuenta de lo mucho que esa experiencia lo había llenado de terror hasta que salió de prisión. Lo confundía no saber por qué eso lo molestaba ahora que era un hombre libre.

"¿Por qué sigo pensando en eso?", se preguntaba.

A veces se quejaba de tener pesadillas.

Lo único que podía responderle era que las cosas iban a mejorar.

Luego de unos meses, Walter tenía muchas ganas de volver al lugar donde había vivido toda su vida. Me puso nervioso, pero siguió adelante con sus proyectos y colocó un remolque en una propiedad que poseía en el Condado de Monroe y se estableció allí. Mientras tanto, hizo planes para presentar una demanda civil contra todos los involucrados en su procesamiento y condena errónea.

La mayoría de la gente que sale de prisión tras ser declarada inocente no recibe dinero, asistencia o asesoramiento, nada de parte del Estado que los encerró de forma injusta. Incluso hoy, casi la mitad de los Estados del país (veintidós en total) no ofrecen compensación a los encarcelados de forma errónea para ayudarlos a recuperarse o siquiera para compensarlos por el dinero que habrían ganado el tiempo que permanecieron tras las rejas.

Cuando Walter fue puesto en libertad, Alabama no estaba entre los pocos Estados que brindaban ayuda a la gente inocente que salía de prisión. La prensa local reportó que Walter buscaba obtener nueve millones de dólares del Estado. Algunos de los amigos y familiares de Walter empezaron a pedirle de forma agresiva que los ayudara económicamente. Walter dijo sentirse frustrado de que la gente no creyera que no había recibido absolutamente nada.

Perseveramos con nuestros esfuerzos para obtener una compensación para Walter a través de una demanda, pero hubo obstáculos. La policía, los fiscales y jueces estaban protegidos por leyes que le otorgaban inmunidad especial frente a la responsabilidad civil en asuntos de justicia penal, que de otro modo les

RECUPERACIÓN · 231

habrían obligado a pagar a Walter por daños y perjuicios. Así que, aunque era obvio que Ted Pearson, el fiscal que llevó el caso en contra de Walter, había retenido ilegalmente evidencia que resultó en el juicio y la condena injusta de Walter, era probable que una acción civil en su contra fuera desestimada.

Demandamos aproximadamente a una docena de oficiales y agencias locales y estatales. Después de un año de declaraciones, audiencias y litigios previos, finalmente llegamos a un acuerdo por el cual Walter recibió unos cuantos cientos de miles de dólares. Sin embargo, la demanda de Walter contra el Condado de Monroe por la mala conducta del alguacil Tate no pudo resolverse, de modo que llevamos el caso a la Corte Suprema de los Estados Unidos. Después de muchos retos frustrantes, finalmente llegamos a un acuerdo con todas las partes involucradas, pero fue una decepción no obtener más para Walter. Y para empeorar las cosas, Tate fue reelegido como alguacil de Monroe.

Aunque el dinero que recibió Walter no fue tanto como queríamos, le permitió reactivar su negocio maderero. Le encantaba volver al bosque y cortar madera. Trabajar día y noche y estar al aire libre lo hizo sentirse una persona normal de nuevo. Luego, una tarde, ocurrió una tragedia. Walter estaba talando un árbol cuando una rama se desprendió del tronco y le fracturó el cuello de un golpe. Como no tenía acceso a servicios de salud, Walter vino a vivir varios meses conmigo en Montgomery hasta que se recuperó. Tristemente, no pudo volver a talar árboles o hacer trabajos complejos de jardinería. Me sorprendió la calma con que parecía tomarse las cosas.

—Supongo que voy a hacer algo distinto cuando me recupere —dijo.

Unos meses después, regresó a Monroe y empezó a recoger partes de autos para revenderlas. Walter era dueño del terreno donde estaba su casa rodante y, siguiendo el consejo de unos amigos, se convenció de que podía generar ingresos vendiendo chatarra, juntando vehículos y partes de autos desechados, para luego revenderlos. El trabajo requería menos esfuerzo físico que talar árboles y le permitía seguir trabajando al aire libre. Poco después, su propiedad estaba llena de autos dañados y desechos metálicos.

En 1998, Walter y yo fuimos invitados a una conferencia nacional en Chicago donde planeaban reunirse con antiguos reclusos condenados a muerte que fueron luego exonerados de los cargos. Para finales de la década de los noventa, la evolución de las pruebas de ADN ayudó a exponer docenas de condenas injustas. Las preocupaciones sobre la inocencia y la pena de muerte se intensificaban, y encuestas revelaron que el apoyo a la pena de muerte comenzaba a decaer. Walter se sentía más motivado que nunca para hablar de su experiencia.

Más o menos en esa época empecé a dar clases en la Facultad de Derecho de la Universidad de Nueva York. Iba a la ciudad para dar clases y luego volaba de vuelta a Montgomery para encargarme de EJI. Año tras año, Walter fue a la universidad a conversar con mis estudiantes. Normalmente hablaba poco, pero tenía un gran efecto sobre el grupo. Reía y bromeaba con ellos, y les decía que no estaba molesto ni resentido, tan solo agradecido de ser libre. Compartía con ellos que su fe le ayudó a sobrevivir las cientos de noches que pasó en el corredor de la muerte.

Una vez, Walter se perdió de camino a Nueva York y me llamó diciéndome que no iba a poder llegar a mi clase. Parecía confundido y no era capaz de darme una explicación coherente de lo que había ocurrido en el aeropuerto. Cuando volví a casa, fui a verlo y parecía ser el de siempre, solo un poco triste. Me dijo entonces que no le iba bien en su negocio, que mantenerlo costaba más que el dinero que ganaba vendiendo la chatarra. Después de una o dos horas hablando lleno de ansiedad, se relajó un poco y volvió a ser el de antes. Acordamos que en el futuro viajaríamos juntos.

En 1994, una mayoría conservadora tomó el control del Congreso y recortaron los fondos para dar asesoría legal a reclusos en el corredor de la muerte. Sobrevivimos como pudimos y encontramos suficiente apoyo privado para seguir haciendo nuestro trabajo, pero muchos grupos como el nuestro se vieron forzados a cerrar. Nuestro equipo estaba sobrecargado de trabajo, pero yo estaba feliz con los abogados y profesionales talentosos que trabajaban con nosotros. Asistíamos a reclusos condenados a muerte, refutábamos castigos excesivos, ayudábamos a presos discapacitados y a niños encarcelados en el sistema penitenciario para adultos, y buscábamos maneras de exponer sesgos raciales, discriminación contra los pobres y abuso de poder. Era un trabajo abrumador, pero gratificante.

Un día, recibí una llamada sorpresa del embajador de Suecia en Estados Unidos, que me dijo que EJI había sido seleccionada para obtener el Premio Olof Palme, una distinción internacional a la labor por los derechos humanos. Enviaron un equipo de filmación para entrevistarme un par de meses antes de recibir el premio y los entrevistadores pidieron hablar también con algunos clientes. Hice arreglos para que conversaran con Walter.

Siempre estuve al lado de Walter cuando hablaba con periodistas, pero esperaba que esta vez le fuera bien sin mí. "Él no da discursos. Normalmente va directo al grano", le dije a los entrevistadores. "Y probablemente sea mejor si hablan con él en exteriores, prefiere estar al aire libre". Fueron comprensivos y asintieron, pero parecía que mi ansiedad los confundía. Después, por teléfono, Walter me dijo que le había ido bien en la entrevista.

Vi el resultado unas semanas después. En una escena aparecía yo caminando junto al reportero e ingresando a la iglesia Dr. Martin Luther King Jr., en la avenida Dexter, en Montgomery. Luego íbamos por la calle camino al monumento de los derechos civiles. Después aparecía Walter vestido con un overol, entre piezas de autos en Monroeville.

Walter tenía un gatito en sus brazos y con suavidad lo puso en el suelo antes de empezar a responder las preguntas del reportero. Dijo cosas que yo había escuchado decenas de veces. Luego vi que cambió su expresión y empezó a hablar con más ánimo y emoción que nunca.

Se puso inusualmente emotivo. "¡Me pusieron en el corredor de la muerte por seis años! Me amenazaron por seis años. Me torturaron con la promesa de que iban a ejecutarme. Perdí mi empleo. Perdí a mi esposa. Acabaron con mi reputación. Perdí mi... Perdí mi dignidad".

Hablaba en voz alta, apasionadamente y parecía estar al borde de las lágrimas. "Lo perdí todo", prosiguió. Luego se calmó y trató de sonreír, pero no lo logró. Miró seriamente a la cámara y dijo: "Es difícil, es difícil, hombre. Es difícil". Observé con preocupación que Walter se agachaba y empezaba a sollozar violentamente. La cámara lo seguía mientras lloraba. El reportaje regresó a mí, que aparecía diciendo algo abstracto y filosófico, entonces se acabó y me quedé ahí mirando la pantalla, sin palabras.

CAPÍTULO CATORCE

Cruel e inusual

Cuando llegué al Centro Penitenciario Santa Rosa en Milton, Florida, me llevaron a un cuarto de cuarenta por cuarenta pies, donde había más de veinte hombres tristes sentados mientras miembros del personal entraban y salían.

En una esquina había jaulas de metal de unos seis pies de altura y un área de un poco más de un 10 pies cuadrados. En todos mis años visitando prisiones, nunca había visto que usaran jaulas tan pequeñas para contener a un recluso dentro de una prisión de alta seguridad. En una de las jaulas, en una esquina, estaba un hombre en silla de ruedas. No podía ver su rostro, pero estaba seguro de que era Joe Sullivan, el recluso que había ido a ver.

La jaula era tan pequeña que cuando los guardias intentaron sacar la silla de ruedas, no pudieron siquiera moverla. Halaron la silla gruñendo e intentaron sacarla a la fuerza, pero estaba completamente atorada.

Escuché el llanto de Joe. Ocasionalmente gemía y movía sus hombros de arriba abajo. Cuando el personal de la prisión propuso voltear la jaula sobre un costado, Joe gimió con fuerza. Dos reclusos de confianza levantaron la jaula y la inclinaron a un lado, mientras tres oficiales halaban con fuerza la silla de Joe hasta que, finalmente, un violento tirón la liberó. Los guardias se felicitaron entre sí y los reclusos que los ayudaron se alejaron en silencio, mientras Joe se quedó ahí, inmóvil en su silla, en medio de la habitación, mirando hacia abajo.

Caminé hasta él y me presenté. Su rostro estaba lleno de lágrimas y tenía los ojos rojos, pero volteó a verme y empezó a aplaudir con alegría. "¡Sí! ¡Sí! Señor Bryan". Sonrió, me ofreció ambas manos y las tomé.

Llevé a Joe a una oficina estrecha para nuestra reunión. A pesar de un inicio de visita tan aterrador, estaba muy feliz. No pude evitar pensar que estaba hablándole a un niño pequeño.

Al momento de su arresto, en 1989, Joe Sullivan era un niño de trece años con discapacidad mental, que había sufrido abandono y abuso por parte de su padre. Dos muchachos mayores lo convencieron de ayudarlos a entrar a robar la casa de una anciana. El día del robo, además abusaron sexualmente de ella, de manera brutal. Joe confesó haber ayudado a esos muchachos con el robo, pero negó rotundamente tener conocimiento o estar involucrado en la violación. Pese a la falta de evidencia en su contra, fue condenado como adulto y sentenciado a cadena perpetua sin opción de libertad condicional.

Le expliqué a Joe lo decepcionados que estábamos de que el Estado hubiera destruido la evidencia biológica que podría habernos permitido probar su inocencia mediante una prueba de ADN. Además, habíamos descubierto que, tanto la víctima como uno de los coacusados habían muerto. El otro coacusado se negaba a contar lo que realmente había ocurrido, lo que nos dificultaba impugnar la condena de Joe. Después, ofrecí nuestra nueva idea: refutar su sentencia como un castigo inconstitucional, cruel e inusual, algo que podría abrir otra via para que él volviera a casa. Sonrió durante mi explicación, aunque era claro que no entendía todo lo que le decía.

Sabíamos que presentar una solicitud casi veinte años después de la sentencia de Joe sería difícil, pero las leyes habían cambiado durante ese tiempo. En el 2005, la Corte Suprema reconoció que las diferencias en adultos y menores de edad requería diferentes tipos de castigos y prohibió que menores de edad fueran sentenciados a muerte bajo la Octava Enmienda.

Mi equipo de trabajo y yo queríamos tomar este avance positivo un paso más allá; queríamos impugnar las condenas de cadena perpetua sin opción a libertad condicional impuestas a los menores de edad.

Presentamos impugnaciones similares a sentencias de cadena perpetua sin opción a libertad condicional para varios casos en todo el país, incluyendo los de Ian Manuel, en Florida; Trina Garnett, en Pensilvania, y Antonio Nuñez, en California.

Presentamos demandas en Alabama, incluyendo una para Evan Miller, un recluso de catorce años condenado a morir en

240 · SOLO CLEMENCIA

prisión en Alabama. Evan provenía de una familia blanca pobre del norte de Alabama. Su vida tan difícil fue marcada por varios intentos de suicidio que empezaron cuando estaba en la escuela primaria. Creció con padres abusivos y con problemas de adicción a las drogas. Había entrado y salido constantemente de hogares de acogida. Una noche, un vecino de mediana edad, Cole Cannon, llegó a casa de Evan para comprarle drogas a su madre. Evan, de catorce años, y su amigo, de dieciséis, fueron a casa del hombre para jugar a las cartas. Cannon les dio drogas a los adolescentes, jugó cartas y bebió con ellos. En algún momento, envió a Evan y su amigo a comprar más drogas. Los chicos volvieron y, como ya era muy tarde, se quedaron a dormir en la casa. Pasaron las horas, los chicos pensaron que el señor Cannon se había desmayado e intentaron robarle la billetera. Cannon se despertó y atacó a Evan. El otro chico respondió dándole golpes al hombre en la cabeza con un bate de béisbol. Ambos empezaron a golpear al hombre y le prendieron fuego a su casa rodante. Cole Cannon murió y Evan y su amigo fueron acusados de homicidio capital. El otro chico hizo un trato con los fiscales y le dieron cadena perpetua con opción de libertad condicional, mientras que Evan recibió cadena perpetua sin opción de libertad condicional.

Me involucré en el caso de Evan justo después de su juicio y presenté una moción para reducir su sentencia, pese a que era el castigo obligatorio para alguien condenado por homicidio capital, que era muy joven para ser ejecutado. En la audiencia, le pedí al juez que reconsiderara la sentencia de Evan, dada la edad que tenía. El fiscal argumentó: "Creo que debería ser ejecutado. Merece la pena de muerte". Entonces lamentó que la ley ya no permitiera ejecutar a menores de edad, porque no soportaba las ganas que tenía de llevar a ese niño de catorce años a la silla eléctrica y matarlo. El juez negó nuestra moción.

Cuando visitaba a Evan en prisión, teníamos largas conversaciones sobre deportes, libros, su familia, música. Hablamos de todas las cosas que quería hacer de adulto. Una vez me dijo que uno de los guardias le había dado un puñetazo en el pecho solo porque le había preguntado los horarios de las comidas. Empezó a llorar cuando me contó eso, porque simplemente no podía entender por qué el oficial lo había golpeado.

Evan fue enviado al Centro Penitenciario St. Clair, una prisión de máxima seguridad para adultos. Poco después de llegar fue atacado por un prisionero que lo acuchilló nueve veces. Evan logró recuperarse, pero quedó traumatizado por la experiencia y desorientado por la violencia. Cuando hablamos del acto de violencia que había cometido, parecía muy confundido, incapaz de entender cómo había hecho algo tan terrible.

La mayoría de los casos juveniles de cadena perpetua que manejábamos involucraba a clientes que compartían la confusión de Evan sobre su conducta adolescente. Muchos habían madurado y se habían convertido en adultos atentos y reflexivos: ahora eran capaces de tomar decisiones responsables y apropiadas sobre sus actos. Todos habían cambiado de alguna manera significativa y ya no eran los niños confundidos que habían cometido esos crímenes violentos.

A los dieciséis años yo vivía en el sur de Delaware. Un día, estaba saliendo a la calle cuando sonó el teléfono. Mi mamá contestó mientras yo pasaba a su costado. Un minuto después la escuché gritar dentro de la casa. Corrí de vuelta, entré a la casa y la vi sollozando en el suelo. "Papi, papi", decía con el auricular colgando del teléfono. Lo tomé y mi tía estaba en la línea. Me dijo que mi abuelo había sido asesinado.

Por un tiempo mi abuelo estuvo en el sur de Filadelfia, viviendo en edificios de bajos recursos. Ahí fue atacado y acuchillado hasta la muerte por un grupo de adolescentes que entraron a su apartamento a robar un televisor en blanco y negro. Tenía ochenta y seis años de edad.

Nuestra numerosa familia estaba devastada por esta tragedia sin sentido. Todos decíamos y pensábamos lo mismo: *no tenían que matarlo*. No había forma de que un hombre de ochenta y seis años pudiera haberles impedido escapar con el botín. Mi madre no le encontraba sentido a lo ocurrido y yo tampoco. Conocía a niños de la escuela que parecían violentos y fuera de control, pero igual me pregunté cómo alguien podía ser tan absurdamente destructivo. El asesinato de mi abuelo nos dejó con muchas preguntas.

Ahora, décadas después, empezaba a entender. Preparando litigios para los menores que representábamos, era claro que estos crímenes chocantes y sin sentido no podían ser evaluados honestamente sin primero entender las vidas que les habían tocado vivir a esos niños.

La adolescencia, considerada generalmente entre los doce y los dieciocho años, está definida por cambios radicales. Existen los obvios y muchas veces angustiantes cambios físicos asociados con la pubertad, pero también hay un aumento en la capacidad para un juicio racional y maduro, control de impulsos y autonomía.

Los adolescentes todavía están desarrollándose biológica y psicosocialmente, adquiriendo experiencia de vida y conocimientos básicos que fundamenten sus decisiones. La seguridad necesaria para tomar decisiones razonadas y mantenerlas recién está empezando a manifestarse. Representando a clientes acusados siendo adolescentes, argumentamos que la neurociencia y descubrimientos recientes sobre la química del cerebro ayudarían a explicar la falta de juicio que muchas veces se muestra a esa edad. Además de todo el estrés que experimentan los adolescentes, crecer en pobreza o en ambientes marcados por el abuso, la violencia, las dinámicas disfuncionales, el abandono y la ausencia de cuidado, los deja vulnerables a tomar malas decisiones que resultan en violencia y tragedia.

También argumentamos que una cadena perpetua es —como la pena de muerte— un juicio inalterable sobre la vida entera de un ser humano y que lo declara incapaz de ser parte de una sociedad civil por el resto de su vida. Pedimos a las Cortes que reconocieran que emitir esos juicios sobre niños de menos de cierta edad no es razonable. Son seres humanos en formación. Su potencial para cambiar y crecer es enorme. Casi todos ellos van a superar su conducta criminal y es prácticamente imposible detectar a los que no lo harán.

Hicimos énfasis en la hipocresía de no permitir que los niños fumen, beban, voten, manejen sin restricciones, donen sangre y compren armas —porque es ampliamente reconocida su falta de madurez y buen juicio—, mientras que el sistema de justicia penal trata a algunos de los niños y adolescentes más en riesgo, desatendidos y en desventaja como adultos hechos y derechos.

En mayo del 2009, la Corte Suprema aceptó revisar los casos de Joe Sullivan y Terrance Graham, un joven de dieciséis años de Jacksonville, Florida, que había sido condenado a cadena perpetua sin opción a libertad condicional por un delito no relacionado un homicidio. Parecía un milagro. Era posible que la Corte otorgara una compensación constitucional a todos los niños sentenciados a morir en prisión. Había la posibilidad emocionante de cambiar las reglas en todo el país.

Cuando presentamos nuestro informe a la Corte Suprema de los Estados Unidos, recibimos el apoyo de organizaciones nacionales como la Asociación Psicológica de Estados Unidos, la Asociación Psiquiátrica de Estados Unidos, la Asociación Americana de Abogados y la Asociación Médica de Estados Unidos, así como el apoyo de exjueces y fiscales, trabajadores sociales, grupos de derechos civiles y derechos humanos.

En noviembre de 2009, luego de haber presentado los informes de los casos de Joe y Terrance, fui a Washington a dar mi tercera argumentación oral ante la Corte Suprema. El salón de la Corte estaba lleno y medios nacionales le daban cobertura al caso. Una amplia variedad de activistas de derechos infantiles, abogados y expertos de salud mental prestaban atención cuando le pedí a la Corte que declarara inconstitucional imponer sentencias de cadena perpetua sin opción de libertad condicional a menores de edad.

Durante la argumentación expuse que Estados Unidos era el único país del mundo que asignaba sentencias de cadena perpetua sin opción de libertad condicional a niños, una práctica que viola las leyes internacionales. Le mostramos a la Corte que las sentencias son impuestas de forma desproporcionada a niños y niñas de color. Argumentamos que estos duros castigos fueron creados para criminales adultos y nunca fueron pensados para menores de edad. También expuse que es cruel decirle a cualquier niño de trece años que su única posibilidad es morir en una prisión.

No podía saber si había logrado persuadir a la Corte. Lo único que nos quedaba ahora era esperar.

CAPÍTULO QUINCE

Dañados y heridos

Walter desmejoró rápidamente. Los momentos de confusión cada vez duraban más y más. Empezó a olvidar cosas que había hecho apenas unas horas antes. Detalles de su negocio se esfumaban de su mente y esto lo deprimió. En algún momento revisamos sus registros. Había estado vendiendo artículos por una fracción de su valor y perdido mucho dinero.

Su hermana me dijo que había empezado a deambular por las noches y muchas veces no hallaba el camino de vuelta a casa. Empezó a beber de forma descontrolada, algo que nunca había hecho antes. Me dijo que estaba ansioso todo el tiempo y que el alcohol le calmaba los nervios. Un día colapsó. Lo llevaron al hospital en Mobile. Me llamaron por teléfono a Montgomery. Fui a hablar con su doctor, que me dijo que Walter tenía demencia avanzada, probablemente a consecuencia de un trauma y que iba a necesitar cuidado constante. El doctor también dijo que la demencia iba a aumentar y que la salud de Walter iba a continuar en declive.

Nos reunimos con familiares de Walter en nuestra oficina y acordamos que debía vivir con un familiar que pudiera cuidar de él. Tras quedarse con un pariente, regresó a Monroeville a vivir con su hermana Katie Lee. Por un tiempo, le fue mejor con su hermana, pero luego su condición empezó a deteriorarse nuevamente.

Poco después, tuvimos que enviar a Walter al tipo de institución que brinda cuidado a ancianos y enfermos. En casi ningún lugar aceptaban recibirlo porque había sido sentenciado por un crimen. Incluso cuando explicábamos que Walter había sido acusado injustamente y luego probado su inocencia, nadie quiso recibirlo. Finalmente, la trabajadora social de EJI, Maria Morrison, encontró un lugar en Montgomery dispuesto a recibir a Walter por un período corto de no más de noventa días.

Todo esto me puso inmensamente triste y abrumado. Mientras tanto, la carga de trabajo aumentaba rápidamente en EJI. Acababa de presentar el caso de Joe Sullivan ante la Corte Suprema y esperaba con ansias el dictamen. Me preocupaba que las fechas de ejecuciones hubieran sido programadas a realizarse cada dos meses en Alabama. Me preocupaba qué iba a decidir hacer la Corte Suprema con todos los niños y niñas condenados a morir en prisión. Me preocupaba que EJI tuviera suficiente personal y financiamiento para trabajar en todos los casos que llevábamos. Cuando fui al asilo para ver cómo estaba Walter, una semana después de haberlo internado, sentí que llevaba todo el día preocupado.

Walter estaba sentado en un salón común donde había personas de la tercera edad severamente medicadas que veían la TV. Me detuve antes de entrar. Él no me había visto. Parecía que tenía sueño y se veía infeliz hundido en una silla reclinable con la cabeza apoyada en una mano. Miraba en dirección al televisor, pero no parecía prestar atención al programa. Había una tristeza en sus ojos que nunca había visto. Verlo me partió el corazón.

Una enfermera me hizo pasar. Me acerqué a Walter y puse mi mano sobre su hombro. Se estremeció, levantó la vista y me ofreció una gran sonrisa.

—¡Hey, miren quién vino! —dijo—. Sonaba contento y de repente volvió a ser el Walter de antes. Empezó a reír y se puso de pie. Le di un abrazo. Me sentí aliviado, pues sabía que recientemente había tenido problemas reconociendo a algunos familiares.

—¿Cómo estás? —le pregunté mientras se recostaba sobre mí.

—Bueno, ya sabes, estoy bien —respondió con reserva.

Decidimos ir a su habitación para poder hablar en privado.

—¿Te sientes mejor?

Tal vez era una pregunta indiscreta, pero me inquietaba ver a Walter en ese estado. Había perdido peso y se movía lentamente mientras se calzaba las pantuflas. Me tomó del brazo y se apoyó en mí mientras caminábamos por el pasillo.

—Le conté a la gente acá que tengo muchos autos, muchos autos —dijo y hablaba en tono enfático, con mucha más emoción de la que había escuchado en él en un tiempo—. Autos de todos los colores, formas y tamaños. Un hombre me dijo: "Pero tus autos no encienden". Le dije que sí encienden. —Se volteó a verme—. Vas a tener que hablar con ese hombre sobre mis autos, ¿sí?

Asentí y pensé en su jardín de chatarra.

—Sí que tienes muchos autos…

—¡Lo sé! —me interrumpió y empezó a reír—. ¿Ves? Les dije, pero no quisieron creerme. Yo les dije. —Walter reía y sonreía, pero se veía confundido—. Esa gente cree que no sé de lo que hablo, pero sé muy bien de qué hablo. —Su tono era desafiante.

Llegamos a la habitación, se sentó sobre la cama y acerqué una silla. Guardó silencio y, de repente, parecía muy preocupado.

—Bueno, parece que aquí estoy de nuevo —dijo suspirando—. Me pusieron de vuelta en el corredor de la muerte. —Su voz revelaba una profunda tristeza—. Lo intenté, lo intenté y lo intenté, pero no me dejan en paz. —Me miró a los ojos—. Nunca entenderé por qué hacen lo que me hacen. ¿Por qué la gente es así, Bryan? Yo me ocupo de mis asuntos. No le hago daño a nadie. Intento hacer lo correcto y no importa lo que haga, la gente viene y me pone de vuelta en el corredor de la muerte… Y yo no hice nada. Nada. No le he hecho nada a nadie. Nada, nada, nada.

Empezó a agitarse, así que tomé su brazo.

—Oye, está bien —dije suavemente—. No es tan malo como parece. Creo que…

—Me vas a sacar de aquí, ¿no? ¿Vas a lograr sacarme otra vez?

—Walter, no estás en el pabellón de la muerte. No te has estado sintiendo bien, así que estás aquí para que te mejores. Esto es un hospital.

—Me agarraron de nuevo y tienes que ayudarme.

Empezó a entrar en pánico y no sabía qué hacer. Luego empezó a llorar.

—Por favor, sácame de aquí, por favor. Me van a ejecutar por nada. No quiero morir en una silla eléctrica. Lloraba con una intensidad que me alarmó. Me senté a su lado sobre la cama y puse mi brazo alrededor de él.

—Está bien, está bien. Walter, todo va a estar bien. Todo va a estar bien.

Walter temblaba, me puse de pie para que pudiera acostarse. Empecé a hablarle suavemente. Le dije que podíamos intentar hacer algo para que pudiera quedarse en casa y que debíamos encontrar a alguien que lo ayudara, porque no podía estar solo. Mientras hablaba vi que tenía los ojos cerrados y al cabo de un par de minutos se había quedado dormido. Lo cubrí con unas mantas. Había pasado menos de veinte minutos con él.

En el pasillo le pregunté a una de las enfermeras por Walter.

—Es un hombre muy dulce —respondió—. Nos encanta tenerlo aquí. Es amable con todos, muy cortés y gentil. A veces se molesta y empieza a hablar de la prisión y el corredor de la muerte. No sabíamos de qué hablaba, pero una de las chicas buscó en internet y ahí fue que nos enteramos de lo que le había pasado. Alguien dijo que una persona como él no debería estar aquí, pero yo dije que es nuestro trabajo ayudar a todos los que necesitan ayuda.

—Bueno, el Estado reconoció que él no había hecho nada malo, que es un hombre inocente.

—Lo sé, señor Stevenson —replicó la enfermera mirándome con dulzura—, pero muchos aquí piensan que una vez que vas a

252 · SOLO CLEMENCIA

prisión, aunque no debas estar ahí, te conviertes en una persona peligrosa y no quieren nada contigo.

—Es una pena. —Fue todo lo que pude decir.

Salí del lugar conmocionado y perturbado. En cuanto puse un pie en la calle, mi teléfono empezó a sonar. La Corte Suprema de Alabama había agendado una ejecución para un prisionero llamado Jimmy Dill. Llamé a Randy Susskind, el director adjunto de EJI y un excelente abogado litigante, para discutir qué podíamos hacer para bloquearla. A estas alturas del caso, seguramente sería muy difícil y lo sabíamos.

Para 1999, la cobertura noticiosa de todos los casos de personas condenadas injustamente había provocado un declive en los índices de sentencias de muerte. Sin embargo, los ataques terroristas del 11 de septiembre del 2001, en Nueva York y las amenazas de terrorismo parecieron interrumpir esos avances. La gente tenía miedo y reprimió las amenazas percibidas con castigos extremos. Pero entonces, unos años después, los índices de ejecuciones y penas de muerte de nuevo empezaron a disminuir. Para el 2010, el número de ejecuciones anuales se redujo a menos de la mitad de las realizadas en 1999. Nueva Jersey, Nueva York, Illinois, Nuevo México, Connecticut y Maryland dejaron de aplicar la pena de muerte. La tasa de sentencias de muerte en Alabama también se redujo desde finales de los noventa, pero seguía siendo la más alta del país. A fines del 2009, Alabama tenía la tasa de ejecuciones más alta per cápita.

Cada dos meses, alguien se enfrentaba a su ejecución y nos costaba seguirles el paso. En EJI representábamos a menores de edad con condenas de cadena perpetua sin opción a libertad condicional en todo el país: Dakota del Sur, Iowa, Michigan, Missouri, Arkansas, Virginia, Wisconsin y California, así como Misisipi, Georgia, Carolina del Norte, Florida y Louisiana.

En apenas dos semanas, visité a Antonio Nuñez en una alejada prisión en California y presenté su caso en una Corte de Apelaciones y, al mismo tiempo, intentaba obtener una compensación para Trina Garnett en Pensilvania y para Ian Manuel y Joe Sullivan en Florida. Los oficiales de prisión no le permitían a Joe tener acceso regular a su silla de ruedas, lo que le había provocado caídas y lesiones. Ian permanecía en confinamiento solitario y la condición médica de Trina empeoraba con el tiempo.

Y, por supuesto, nuestra lista de casos en Alabama nunca había sido tan demandante. Cada vez me costaba más trabajo hacerlo todo. Al mismo tiempo, Walter volvió de vuelta a casa, donde su hermana hacía su mejor esfuerzo para cuidarlo. Era una situación preocupante para él, su familia y para todos nosotros.

Para cuando fue agendada la ejecución de Jimmy Dill, en Alabama, todo el equipo de EJI estaba exhausto. La fecha de ejecución no pudo haber fijarse en un momento más difícil. No nos habíamos involucrado antes en el caso del señor Dill, lo que significaba que debíamos ponernos al día en los treinta días que faltaban para su ejecución. Era un crimen inusual. El señor Dill había sido acusado de dispararle a alguien durante una venta de drogas luego de que comenzara una discusión. La víctima del tiroteo no murió, pero el señor Dill fue arrestado y acusado de asalto agravado. Estuvo nueve meses en prisión, esperando un juicio mientras la víctima fue dada de alta del hospital e iniciaba su recuperación. La esposa de la víctima se hacía cargo, pero después de varios meses cuidándolo, aparentemente lo abandonó y él se enfermó y murió. Los fiscales estatales acusaron al señor Dill de homicidio capital.

Jimmy Dill tenía una discapacidad intelectual y había sufrido abuso físico y sexual durante su niñez. Batalló contra la adicción a las drogas, y su abogado designado no hizo mucho para preparar su caso para un juicio.

Ningún tribunal había revisado cuestiones críticas sobre la fiabilidad de su condena y su sentencia. El homicidio capital requiere una intención de asesinar, pero había un argumento convincente a favor de que Jimmy no había tenido la intención de matar a nadie y que un cuidado de salud deficiente había causado la muerte de la víctima. La mayoría de las víctimas de violencia con armas de fuego no mueren nueve meses después. Era sorprendente que el Estado buscara aplicar la pena de muerte en este caso. Además, la Corte Suprema de los Estados Unidos había prohibido la ejecución de personas con discapacidades intelectuales, así que el señor Dill debería haber sido protegido de la pena de muerte. Sin embargo, nadie había investigado ni presentado pruebas para apoyar este argumento.

Junto con otros desafíos, el señor Dill tenía grandes problemas de habla. Presentaba un impedimento que lo hacía tartamudear severamente, especialmente cuando estaba emocionado o agitado. Dado que no había tenido un abogado que hubiera ido a visitarlo o hablar con él, el señor Dill vio nuestra intervención como una suerte de milagro. Luego de tomar su caso, envié con regularidad a unos jóvenes abogados a reunirse con él y el señor Dill me llamaba frecuentemente.

Una vez que un preso condenado ha terminado el proceso de apelación por primera vez, las Cortes son profundamente renuentes a revisar reclamos. Aunque sabía que llevábamos las de perder, las graves discapacidades del señor Dill me dieron la esperanza de que quizás un juez se preocuparía por el caso y nos permitiría, por lo menos, presentar más evidencia. Pero todas las Cortes dijeron lo mismo: "Demasiado tarde".

El día de la ejecución, me vi de nuevo hablando con un hombre que estaba a punto de ser atado y asesinado. Le había pedido al señor Dill que me llamara durante el día, porque esperábamos la respuesta a la última solicitud que habíamos presentado a la Corte Suprema de Estados Unidos. Esa mañana sonaba ansioso, pero me dijo que no iba a perder la esperanza. Intentó expresar su gratitud por lo que habíamos hecho las semanas previas a su ejecución. Habíamos encontrado a familiares con los que retomó la comunicación. Le dijimos que creíamos que había sido condenado y sentenciado injustamente. Nuestros esfuerzos parecían ayudarlo a sobrellevar la situación.

Pero entonces la Corte Suprema negó nuestra última solicitud para suspender la ejecución y no había nada más qué hacer. El señor Dill sería ejecutado en menos de una hora y yo debía decirle que la Corte no había otorgado una suspensión. Me sentía abrumado.

Hablamos por teléfono poco antes de que lo llevaran a la cámara de ejecuciones. Tartamudeaba más de lo normal. Me quedé un rato al teléfono mientras él se esforzaba por hablar. Fue desgarrador. Entonces recordé algo que había olvidado por completo hasta ese momento.

Siendo un niño, mi madre solía llevarme a la iglesia. Un día, cuando tenía unos diez años, estaba afuera con mis amigos. Uno de ellos había ido con un familiar que estaba de visita, un chico tímido y nervioso. Le pregunté de dónde era y cuando el muchacho intentó responderme, le costó mucho trabajo hablar. Tenía un problema severo de dicción y no podía siquiera decir el nombre de su pueblo. Nunca había visto a alguien tartamudear así. Pensé que seguro era una broma y entonces me reí. Mis amigos me miraron preocupados, pero no me detuve. Por el rabillo del ojo, vi a mi madre mirándome con una expresión que no le había visto antes. Era una mezcla de horror, ira y vergüenza. De inmediato, dejé de reírme. Siempre había sentido el amor de mi mamá, así que me desconcertó escucharla llamándome.

—Qué estás haciendo? —preguntó furiosa.

—¿Qué? No hice nada…

—Nunca más vuelvas a reírte de alguien que tiene problemas para hablar. ¿Entendiste? ¡Nunca más vuelvas a hacerlo!

Perdón, mamá, no quise hacer nada malo.

Me sentía devastado al ser regañado con tanta dureza.

—Deberías saber estas cosas, Bryan.

—Perdón. Pensé que…

—No digas nada. No hay excusa que valga y estoy muy decepcionada de ti. Ahora mismo vas y le pides disculpas al niño.

—Sí, señora.

—Y luego quiero que le des un abrazo.

—¿Qué?

—Luego quiero que le digas que lo amas.

Vi sus ojos y me horrorizó saber que hablaba completamente en serio.

—Mamá, no puedo ir y decirle a ese chico que lo amo. Mis amigos van a…

Me fulminó otra vez con la mirada. Me di la vuelta apenado y volví a donde estaban mis amigos. Todos me miraban. Me acerqué al niño con problemas del habla.

—Oye, amigo, lo siento —dije con sinceridad.

Volteé a mirar a mi madre, que me seguía observando. Me abalancé sobre el niño y le di un abrazo muy incómodo. Creo que lo asusté por agarrarlo así, pero cuando se dio cuenta de que intentaba abrazarlo, se relajó y me abrazó también.

Mis amigos me miraron extrañados.

—Y… ehhh… también… ¡Yo te amo! —añadí medio sonriendo.

Me hizo sentir menos raro actuar como si todo fuera una broma. Pero entonces el niño me abrazó con más fuerza y me susurró al oído. Habló con claridad, sin tartamudear y sin dudar.

—Yo también te amo —dijo. Había tanta ternura y sinceridad en su voz que pensé que me echaría llorar.

Estaba en mi oficina, hablando con Jimmy Dill la noche de su ejecución y me di cuenta de que estaba pensando en algo que había ocurrido casi cuarenta años antes. También me di cuenta de que estaba llorando. Las lágrimas rodaban por mis mejillas, habían escapado de mis ojos en un descuido. El señor Dill aún se esforzaba por hablar, intentando con desesperación agradecerme por intentar salvarle la vida. Los guardias hacían ruido a su alrededor y noté que le molestaba no poder decir lo que quería decir, pero no quería interrumpirlo. Así que me quedé ahí, escuchándolo, con lágrimas corriendo por mi rostro.

Mientras más se esforzaba por hablar, más quería llorar. Las pausas largas me dieron tiempo para pensar. El señor Dill nunca habría sido condenado por homicidio capital si tan solo hubiera tenido el dinero necesario para contratar a un abogado decente. Nunca habría sido sentenciado a muerte si alguien hubiera investigado su pasado. Todo era tan trágico. *¿Por qué ellos no podían verlo también?* La Corte Suprema había prohibido la ejecución de personas con discapacidades mentales, pero Estados como Alabama se negaban a evaluar quién estaba realmente discapacitado. Se supone que debemos sentenciar de manera justa después de considerar plenamente las circunstancias de vida de alguien. Al contrario, abusamos de aquellos que no pueden costear la ayuda legal que necesitan. No hay excusa por intentar matarlos solo porque no ofrecen resistencia.

Mientras estaba al teléfono con el señor Dill, pensé en sus luchas, en todas las cosas terribles que tuvo que vivir y en cómo sus discapacidades lo habían destrozado. No hay manera de justificar que le hubiera disparado a alguien, pero no tenía sentido matarlo. Empecé a sentirme furioso por eso. ¿Por qué queremos asesinar a todas las personas destrozadas? ¿Qué nos ocurre que pensamos que algo así puede estar bien?

Intenté que el señor Dill no me escuchara llorar y, finalmente, dijo lo que quería decir.

—Señor, Bryan, solo quiero darle las gracias por pelear por mí. Quiero agradecerle por mostrar interés en mi vida. Los amo, a todos ustedes, por intentar salvarme la vida.

Cuando colgué el teléfono esa noche, tenía el rostro húmedo y el corazón roto. La falta de compasión que veía cada día finalmente me había dejado exhausto. Vi a mi alrededor, mi oficina llena de cosas, las pilas de registros y documentos, cada una llena de historias trágicas, y de repente no quise estar rodeado de toda esa angustia y miseria. Sentado ahí, pensé que era un tonto por intentar arreglar situaciones que estaban tan fatalmente dañadas. *Es hora de parar. No puedo seguir haciendo esto.*

Por primera vez me di cuenta de que estaba rodeado de cosas dañadas. Trabajaba en un sistema de justicia que estaba dañado. Mis clientes estaban profundamente afectados por las enfermedades mentales, la pobreza y el racismo; desgarrados por enfermedades, drogas y alcohol; por el orgullo, el miedo y la ira. Pensé en Joe Sullivan y en Trina, Antonio, Ian y decenas de otros menores de edad con quienes trabajábamos y que luchaban por sobrevivir en prisión. Pensé en las personas que habían sido dañadas por la guerra, como Herbert Richardson; en aquellos a quienes la pobreza había hecho tanto daño, como Marsha Colbeyo o como

Avery Jenkins, que sufría por sus discapacidades. Todos ellos fueron juzgados y castigados por gente cuyo compromiso con la justicia había sido manchado por el cinismo, la desesperanza y el prejuicio.

Miré mi computadora y el calendario en la pared. De nuevo miré a mi alrededor las pilas de archivos. Vi la lista de nuestro equipo de trabajo, que había crecido a casi cuarenta personas. Y antes de darme cuenta, estaba hablando conmigo mismo en voz alta: "Puedo dejar todo esto atrás. ¿Por qué estoy haciendo esto?".

Me llevó un tiempo entenderlo, pero me di cuenta de algo sentado allí mientras Jimmy Dill era asesinado en la prisión de Holman. Luego de trabajar por más de veinticinco años, entendí que no hago lo que hago porque alguien lo requiera o porque sea necesario o importante. No lo hago porque no tengo una alternativa.

Hago lo que hago porque también yo estoy dañado.

Mis años de lucha en contra de la desigualdad, el abuso de poder, la pobreza, la opresión y la injusticia finalmente me habían revelado algo sobre mí mismo. Estar cerca del sufrimiento, la muerte y los castigos crueles no solo evidenciaba el daño de los demás. En un momento de angustia y zozobra, también expuso mi propio daño. No puedes luchar eficazmente contra el abuso de poder, la pobreza, la desigualdad, las enfermedades, la opresión o la de terminar afectado por todo eso.

Todos hemos sido heridos de alguna manera. Todos hemos lastimado a alguien y nos han lastimado. Todos compartimos la condición del daño, aunque sea distinta para cada uno. Quería desesperadamente clemencia para Jimmy Dill y habría hecho cualquier cosa por crear justicia para él, pero no podía pretender que su lucha estaba alejada de la mía. Las formas en que me han herido y he herido a otros son diferentes de las formas en que Jimmy Dill había sufrido y causado sufrimiento a otros. Pero el daño de nuestras heridas nos conectaba.

Supongo que siempre supe, pero nunca lo consideré del todo, que estar dañados y heridos es lo que nos hace humanos. Todos tenemos nuestras razones. A veces, las decisiones que tomamos nos fracturan; a veces somos quebrantados por cosas fuera de nuestro control. Pero el daño de nuestras heridas es también la fuente de nuestra humanidad compartida, la base de nuestra búsqueda compartida por obtener consuelo, sentido y sanación. Nuestra vulnerabilidad e imperfección compartidas nos dan la capacidad de ser compasivos.

Tenemos que tomar una decisión. Podemos aceptar nuestra humanidad, lo que significa aceptar nuestra naturaleza dañada y herida, y la compasión, que sigue siendo nuestra mejor esperanza de sanación, o podemos negar nuestro daño interior, negar la compasión y, como resultado, negar nuestra propia humanidad.

Pensé en los guardias que estaban atando a Jimmy Dill a una camilla en ese preciso momento. Pensé en la gente que celebraría su muerte y la vería como una suerte de victoria. Me di cuenta de que esas personas también estaban dañadas, incluso si nunca lo admitían. Muchos de nosotros nos hemos vuelto timoratos e iracundos. Nos hemos vuelto tan temerosos y vengativos que hemos desechado a los niños, descartado a los discapacitados y permitido el encarcelamiento de enfermos y débiles, no porque sean una amenaza a la seguridad pública o porque no puedan ser rehabilitados, sino porque pensamos que eso *nos* hace parecer rudos y menos dañados.

Pensé en las víctimas de crímenes violentos, en las familias de parientes asesinados y en cómo los hemos presionado a reciclar su angustia y devolverla a los agresores que enjuiciamos.

Pensé en las muchas maneras en la que hemos legalizado los castigos crueles y vengativos, cómo hemos permitido que nuestra victimización justifique la victimización de otros. Pero castigar a los dañados —ya sea abandonándolos u ocultándolos— solo asegura que sigan dañados y nosotros también.

Frecuentemente tuve conversaciones difíciles con clientes que tenían problemas y se sentían desesperados por su situación. Cuando las cosas se ponían realmente mal y dudaban del valor de sus vidas, les recordaba que todos nosotros somos más que lo peor que hemos hecho. Les decía que, si alguien dice una mentira, esa persona no es un mentiroso *solamente*. Si alguien toma algo que no le pertenece, esa persona no es un ladrón *solamente*. Incluso si asesinas a alguien, no eres un asesino solamente. Así que esa noche me dije lo que llevaba años diciéndoles a mis clientes: soy más que alguien dañado y herido. De hecho, hay una fuerza, incluso un poder, en entender el daño dentro de las personas. Aceptar nuestras heridas crea un deseo de clemencia y quizás la necesidad de ser clemente con otros. Cuando lo experimentas, empiezas a reconocer la humanidad que vive dentro de cada uno.

De repente, me sentí más fuerte. Empecé a pensar en lo que pasaría si todos reconociéramos que estamos dañados y heridos, si nos hiciéramos responsables de nuestras grietas, nuestros defectos, prejuicios y miedos. Tal vez, si lo hiciéramos, no querríamos matar a los dañados entre nosotros que han matado a otros. Quizás nos esforzaríamos más en buscar soluciones para cuidar a los discapacitados, los abandonados, los traumatizados y las víctimas de abuso. Si reconociéramos que estamos dañados, quizás no nos enorgulleceríamos por el encarcelamiento masivo, por las ejecuciones, por tratar con indiferencia a nuestros semejantes más vulnerables.

Vi el reloj. Eran las 6:30 p.m. El señor Dill estaba muerto. Me sentía muy cansado y era hora de parar toda esta tontería de darme por vencido. Era hora de ser valiente.

Lentamente volví a casa, en el camino entendí que incluso si estamos en una red de dolor y heridas, también estamos en una red de sanación y clemencia. Pensé en ese niño que tartamudeaba y que me abrazó a la salida de la iglesia; en cómo, con eso, creó reconciliación y amor. En ese momento yo no lo merecía, pero así es como funciona la clemencia. El poder de dar solo clemencia es que pertenece a quienes no la merecemos. Es cuando menos la esperamos, que la clemencia se vuelve poderosa; tan poderosa que es capaz de romper el ciclo de victimización y victimismo, de venganza y sufrimiento. Tiene el don de sanar el daño psíquico, las heridas que conducen a la agresión y la violencia, el abuso de poder y el encarcelamiento masivo.

Salí de mi oficina sintiéndome dañado y herido, con el corazón roto por Jimmy Dill.

Pero sabía que iba a volver el día siguiente. Había mucho trabajo por hacer.

CAPÍTULO DIECISÉIS

La canción triste de los que atrapan piedras

El 17 de mayo de 2010 estaba en mi oficina esperando muy ansioso, cuando la Corte Suprema de los Estados Unidos anunció su decisión: las sentencias de cadena perpetua sin opción a libertad condicional, impuestas a menores de edad hallados culpables de delitos no relacionados con homicidio, eran castigos crueles y constitucionalmente inadmisibles.

Mi equipo de trabajo y yo brincamos de alegría. Momentos después recibimos un mar de llamadas de los medios, clientes, familiares y activistas por los derechos de los niños. Era la primera vez que la Corte había emitido una prohibición categórica sobre un castigo que no fuera la pena de muerte. Pensé en mis clientes: Joe Sullivan tenía derecho a una compensación. Muchos, incluidos Antonio Nuñez e Ian Manuel, tenían derecho a sentencias reducidas.

Dos años después, en junio de 2012, celebramos otra gran victoria para los menores encarcelados. La Corte Suprema aceptó revisar el caso de Evan Miller y el de un cliente de Arkansas, Kuntrell Jackson. ¿El resultado? Una prohibición constitucional de imponer sentencias obligatorias de cadena perpetua sin opción a libertad condicional a menores de edad acusados de homicidio. Esto significaba que nunca más ningún menor de edad acusado de cualquier crimen podría ser automáticamente sentenciado a morir en prisión.

Había más de dos mil personas condenadas que habían sido sentenciadas a cadena perpetua sin libertad condicional siendo menores de edad. Ahora, era posible que recibieran compensaciones o sentencias reducidas. En todo el país, muchos fiscales se resistieron a aplicar retroactivamente en casos antiguos la decisión del tribunal en Miller vs. Alabama, pero ahora todos tenían nuevas esperanzas, incluida Trina Garnett.

Continuamos nuestra labor en temas relacionados con niños mediante el seguimiento de más casos. Creo que ningún niño menor de dieciocho años debería ser encerrado con adultos en las cárceles. Presentamos casos que buscaban ponerle fin a esa práctica. También estoy convencido de que niños muy jóvenes no deberían nunca ser enjuiciados en una Corte para adultos. Ningún adolescente de doce, trece o catorce años puede defenderse a sí mismo en el sistema de justicia penal para adultos. Las condenas injustas y los juicios ilegales que involucran a niños son algo muy común.

Me motivó el hecho de que los índices nacionales de encarcelamiento masivo finalmente se reducían. En el 2011, por primera vez en casi cuarenta años, la población carcelaria no aumentó. En el 2012, Estados Unidos vio un declive en la población carcelaria por primera vez en décadas.

Nuestro trabajo sobre la pena de muerte también tomó un giro alentador. Ganamos compensaciones para cien reclusos condenados a muerte en Alabama. En el 2013, el Estado registró la cifra más baja de nuevas sentencias a muerte desde mediados de 1970. Eran avances muy esperanzadores.

También fuimos capaces de lanzar, finalmente, la iniciativa de raza y pobreza que había esperado poner en marcha en EJI. Por años, había querido empezar un proyecto para cambiar la forma en que hablamos de historia racial y cómo esto afecta problemas raciales contemporáneos. Empezamos trabajando con niños y familias pobres de condados ubicados en el llamado Cinturón Negro, una vasta área que atraviesa todos los Estados del Sur del país. Llevamos a cientos de estudiantes de secundaria a nuestras oficinas y tuvimos fascinantes discusiones con ellos sobre derechos y justicia. Además, realizamos reportes y materiales para profundizar el diálogo sobre el legado de la esclavitud, los linchamientos y la historia de injusticia racial de nuestro país.

El trabajo que realizamos alrededor de raza y pobreza me llenó de energía. Se enlazaba íntimamente con nuestro trabajo en la justicia criminal; muchos de nuestros peores pensamientos sobre justicia están enraizados en mitos sobre las diferencias raciales. Creo que hay cuatro instituciones en la historia de Estados

Unidos que han dado forma de abordar asuntos de raza y justicia, pero que escasamente entendemos.

El primero, por supuesto, es la esclavitud; el segundo es el reino del terror contra la gente de color que tuvo lugar tras el colapso de la Reconstrucción durante la Segunda Guerra Mundial. En ocasiones, ancianos de color del sur del país se me acercaban luego de los discursos para quejarse de lo enfadados que se sienten, cuando escuchan a comentaristas de noticias decir que el 11 de septiembre fue el primer acto de terrorismo interno en Estados Unidos.

Una vez, un viejo afroamericano me dijo: "¡Haz que dejen de decir eso! Crecimos en terrorismo todo el tiempo. La policía, el Ku Klux Klan, cualquier persona blanca podía aterrorizarte. Teníamos que preocuparnos de ataques con bombas, linchamientos, todo tipo de violencia racial".

El terrorismo racial del linchamiento, de muchas maneras, creó la pena de muerte moderna. La incorporación en Estados Unidos de las ejecuciones rápidas fue, en parte, un intento de redirigir la violencia de los linchamientos y, además, asegurar a los sureños blancos que los negros seguirían recibiendo el castigo más alto.

Otra práctica, que es menos conocida para muchos estadounidenses, es el llamado *convict leasing* o alquiler de reclusos, que fue introducido a finales del siglo diecinueve para criminalizar a los esclavos libertos y condenarlos por ofensas absurdas, para que así los negros —hombres, mujeres y niños— pudieran ser "alquilados" a negocios y prácticamente obligados a volver al trabajo forzado. Las industrias privadas en todo el país ganaban millones de dólares con el trabajo gratuito de reclusos, mientras miles de afroamericanos morían en condiciones laborales horrendas. La práctica de reesclavización era tan generalizada en algunos Estados, que aparece representada en el libro de Douglas Blackmon *Slavery by Another Name* (Esclavitud con otro nombre), ganador del Premio Pulitzer en 2009.

El terror racial y las constantes amenazas creadas por aplicar violentamente una jerarquía racial fueron profundamente traumáticos para los afroamericanos y crearon todo tipo de afecciones y dificultades psicosociales que se manifiestan aún hoy.

La tercera institución, Jim Crow, es la legalización de la segregación racial y la supresión de derechos básicos, que definió a los Estados Unidos entre 1876 y 1965. Es algo más reciente y reconocible en la conciencia nacional, pero aún no la comprendemos bien. Me parece que nos hemos apurado en celebrar los logros de los movimientos de derechos civiles, pero hemos tardado en reconocer el daño duradero provocado por la marginalización y la subordinación que tuvieron lugar en esa era.

El legado alrededor de los estereotipos raciales contiene muchas de estas complicaciones. Una vez me preparaba para realizar una audiencia en un juzgado de primera instancia en el Medio Oeste del país y, antes de la audiencia, fui a sentarme a la mesa de abogados que estaba en una sala vacía del juzgado. Llevaba un traje oscuro, camisa blanca y corbata. El juez y el fiscal entraron por la puerta trasera del juzgado, riendo y conversando.

Cuando el juez me vio en la mesa de abogados, dijo con firmeza: "Oye, no deberías estar acá sin tu abogado. Ve afuera y espera en el pasillo hasta que tu abogado venga".

Me puse de pie y sonreí. Le dije: "Oh, lo siento, su señoría. No nos hemos presentado. Mi nombre es Bryan Stevenson. Soy el abogado del caso que tendremos en audiencia esta mañana".

El juez se sonrió por su error y el fiscal también. Me obligué a reír porque no quería que mi joven cliente, un niño blanco que había sido procesado como adulto, estuviera en desventaja porque yo tuve un coflicto con el juez antes de la audiencia. Pero esa experiencia me desalentó. Por supuesto que la gente comete errores involuntarios, pero ser constantemente subestimado, considerado sospechoso, acusado, vigilado, indigno de confianza, presuntamente culpable e incluso temido, es un peso que cargan las personas de color y no se puede entender o confrontar sin una conversación profunda sobre nuestra historia de injusticia racial.

La cuarta institución es el encarcelamiento masivo. Entrar en cualquier prisión es algo profundamente confuso si sabes al menos algo sobre la demografía racial del país. La extrema sobrerrepresentación, las sentencias desproporcionadas aplicadas a minorías raciales, el enjuiciamiento selectivo de crímenes relacionados con drogas en comunidades de escasos recursos, la criminalización de nuevos inmigrantes e indocumentados, las consecuencias políticas de privar a ciudadanos negros del derecho al voto y las dificultades para la reinserción al mundo una vez recuperada la libertad, solo pueden ser comprendidas a través del lente de nuestra historia racial.

Era gratificante ser capaz, finalmente, de abordar algunos de estos temas con gente joven y con la comunidad. Tuve la esperanza de que juntos seríamos capaces de contrarrestar la supresión de esta difícil historia de injusticia racial.

Un equipo más grande, casos de más alto perfil y una lista más larga de expedientes también significaban mayores problemas. Si bien era emocionante y muy gratificante hacer cumplir la decisión de la Corte Suprema de prohibir las sentencias de cadena perpetua sin libertad condicional para niños condenados por delitos no relacionados con homicidios, también estaba resultando mucho más difícil de lo que esperaba.

Al parecer, algunos jueces querían dar sentencias que se acercaran lo más posible a las tasas de esperanza de vida de los reclusos, antes de poner en libertad a menores de edad hallados culpables de crímenes. Por ejemplo, el juez de Antonio Nuñez en Orange County, California, reemplazó su sentencia de cadena perpetua sin opción de libertad condicional a una condena de 175 años. Tuve que volver a una Corte de Apelaciones en California para pedir que esa sentencia fuese reemplazada por algo razonable. También encontramos resistencia con los casos de Joe Sullivan e Ian Manuel. Al final, logramos condenas que significaban que ambos podían recuperar su libertad pocos años después.

En algunos casos, los clientes ya habían estado en prisión por décadas y tenían muy pocos sistemas de apoyo —a veces ninguno— que los ayudaran a reintegrarse a la sociedad. Decidimos crear un programa de reinserción diseñado específicamente para personas que han pasado muchos años en prisión tras ser encarcelados siendo niños. Ofreceríamos servicios, alojamiento, entrenamiento para obtener empleos, habilidades para la vida diaria, consejería y cualquier cosa que estas personas necesitaran para triunfar fuera de prisión. Les dijimos a jueces y juntas de libertad condicional que estamos comprometidos a brindar la ayuda que nuestros clientes requerían.

En particular, nuestros clientes en Luisiana que cumplían cadena perpetua sin opción de libertad condicional por crímenes no relacionados con asesinatos enfrentaban muchos desafíos. Asumimos el reto de representar a los sesenta reclusos que podían aspirar a obtener compensaciones. Casi todos estaban en Angola, una prisión particularmente difícil para los reclusos. Angola —que antes del fin de la Guerra Civil era un sembradío— obligaba a sus reclusos a trabajar en los campos recogiendo algodón. Los presos debían realizar trabajos manuales en condiciones muy duras o ser puestos en confinamiento solitario o recibir otro tipo de castigos. No era extraño que los reclusos sufrieran lesiones severas, perdieran dedos o extremidades, luego de trabajar horas en condiciones brutales y peligrosas. Por años, los reclusos que se negaban a trabajar recibían "reportes escritos" que se incluían en sus archivos y podían enfrentar meses de confinamiento solitario.

Decidimos priorizar las audiencias de nuevas sentencias para los más antiguos, reclusos que estuvieron en Angola por décadas. Los primeros dos casos que decidimos tomar fueron los de Joshua Carter y Robert Caston. El señor Carter estuvo en prisión por cincuenta años. Adentro, desarrolló glaucoma y no recibió el cuidado médico que necesitaba. Perdió la visión en ambos ojos. El señor Caston estuvo en Angola por cuarenta y cinco años. Perdió varios dedos trabajando en una fábrica de la prisión y ahora estaba incapacitado a raíz del trabajo forzado que realizó en Angola.

Fui con regularidad a los tribunales de primera instancia en Orleans Parish por los casos de Carter y Caston. El juzgado de Orleans Parish era una estructura gigantesca de arquitectura intimidante. Hay muchas salas de audiencia alineadas a lo largo de un enorme salón con un fastuoso piso de mármol y techo muy alto. Cientos de personas abarrotan el lugar, entrando y saliendo de las salas todos los días. Las audiencias en el enorme tribunal nunca se dan a la hora programada. Con frecuencia, se fijaba fecha y hora para las audiencias de sentencia para los casos de Carter y Caston, pero eso parecía importarle poco a los demás. Cuando llegaba a Corte siempre había una pila de casos, clientes y abogados reunidos dentro de un salón lleno de gente, todos esperando ser escuchados a la hora en que había sido fijada su audiencia. Jueces sobrecargados de trabajo intentaban manejar los procedimientos y tenían reuniones en el estrado mientras docenas de jóvenes —en su mayoría, negros— permanecían sentados frente a la Corte, vestidos con el uniforme anaranjado de prisión. Los abogados atendían a sus clientes y familiares regados por todo el caótico juzgado.

Después de tres viajes a Nueva Orleans para las audiencias de sentencia, aún no teníamos una nueva sentencia para los señores

Carter y Caston. Nos reunimos con el fiscal federal, presentamos documentos ante el juez y consultamos con varios funcionarios locales esperando obtener una nueva sentencia constitucionalmente aceptable. Dado que los señores Carter y Caston pasaron en prisión más de cincuenta años, queríamos su inmediata liberación.

Teníamos que tratar con dos jueces y dos juzgados diferentes, pero sentíamos que, si obteníamos la libertad para uno, sería más fácil obtener la libertad para el otro. Finalmente parecíamos estar cerca de una victoria. Tras presentar mis argumentos en esa Corte frenética, la jueza nos otorgó la moción. Dio detalles de los cuarenta y cinco años que el señor Caston pasó en Angola por un crimen no relacionado con un homicidio y que cometió cuando tenía dieciséis años. Enfatizó en que había sido enviado a Angola en los años sesenta. Luego, la jueza dictó una nueva sentencia que significaba que el señor Caston sería puesto en libertad de inmediato.

Entonces la gente en la sala hizo algo que nunca había visto: todos empezaron a aplaudir con fuerza. Los abogados defensores, fiscales, familiares del acusado y alguaciles adjuntos también aplaudieron. Otros reclusos que esperaban ser atendidos por sus casos también aplaudieron pese a estar esposados. Incluso la jueza, que normalmente no toleraba interrupciones, pareció recibir con gusto el ímpetu del momento. El señor Caston estaba eufórico. Él se convirtió en la primera persona en ser puesta en libertad como resultado de la prohibición de la Corte Suprema, la cual prohibía condenas de cadena perpetua para menores de edad.

Estábamos emocionados y listos para nuestro siguiente caso. Caminamos por el pasillo hacia el juzgado donde se iba a realizar la audiencia del señor Carter. El señor Carter tenía una familia numerosa que había mantenido una estrecha relación con él pese al paso del tiempo. Su madre tenía casi cien años de edad. Por décadas, ella le juró a su hijo que no moriría hasta que él volviera a casa. Para nuestra enorme alegría, obtuvimos otro éxito, pues obtuvimos una sentencia que significaba que también el señor Carter sería puesto en libertad inmediatamente. Los familiares del señor Carter estaban muy felices. Se abrazaron entre sí y prometieron ofrecer un almuerzo para mí y el equipo de EJI.

Yo estaba exhausto y deambulaba por los pasillos del juzgado esperando que un documento adicional fuera aprobado para asegurar la libertad de los señores Caston y Carter. Fue entonces que vi a una anciana negra sentada en las gradas de mármol de aquella sala enorme. Tenía una piel suave y oscura, y me di cuenta de que ya la había visto antes en ese juzgado. Asumí que era familiar de uno de nuestros clientes o tenía algún tipo de relación con ellos. Me saludó y me hizo señas para que me acercara.

Cuando me acerqué, me sonrió.

—Siéntate, siéntate. Quiero hablar contigo —dijo. Su voz era dulce y frágil.

Me senté a su lado en las gradas.

—La he visto aquí varias veces. ¿Es familiar del señor Caston o del señor Carter? —le pregunté.

—No, no, no, no soy familia de nadie. Al menos, no que yo sepa.

La mujer tenía una sonrisa amable y me miró con intensidad.

—Solo vengo a ayudar a la gente. Este es un lugar lleno de dolor, así que la gente acá necesita mucha ayuda.

—Es muy amable de su parte.

—No, es lo que debo hacer y lo hago. —Miró a la distancia antes de volver a fijar los ojos en mí—. Mi nieto de dieciséis años fue asesinado hace quince años y yo amaba a ese chico más que a la vida misma.

No esperaba escuchar eso y de inmediato me conmovió. La mujer entonces me tomó de la mano.

—Lloré, lloré y lloré. Le pregunté a Dios por qué había permitido que alguien me arrebatara a mi nieto. Otros muchachos lo asesinaron. Vine a este juzgado por primera vez para sus audiencias, me senté ahí y lloré todos los días por casi dos semanas. Nada tenía sentido para mí. Los muchachos fueron hallados culpables y el juez los envió a prisión de por vida. Pensé que me haría sentir mejor, pero en realidad me hizo sentir peor. Me quedé en el tribunal después de escuchar la sentencia y lloré tanto que una mujer se me acercó, me dio un abrazo y me dejó recostarme en su hombro. Me preguntó si los muchachos que habían sido sentenciados eran hijos míos y le dije que no. Le dije que mío era el chico que ellos mataron. —La mujer hizo una pausa—. Creo que ella se sentó a mi lado por casi dos horas y por un largo rato nadie dijo una palabra. Se sintió bien finalmente tener a alguien en quien apoyarme y nunca olvidé a esa mujer. No sé quién era, pero me marcó.

—Lo siento mucho por su nieto —murmuré—. Fue lo único que se me ocurrió decirle.

—Bueno, nunca te recobras de algo así, pero sigues adelante, sigues adelante. No sabía qué hacer luego de ese juicio, así que un año después empecé a venir a este lugar. No sé realmente por qué.

Supongo que sentí que tal vez podría ser alguien, ya sabes, con quienes otros puedan contar en medio de su sufrimiento. Enlazó su brazo en el mío.

—Eso es maravilloso —le dije y sonreí.

—Ha sido increíble. ¿Cómo te llamas?

—Me llamo Bryan.

—No paran de enviar a todos estos jóvenes a prisión, todo este duelo y esta violencia. Esos jueces desechan a la gente como si no fueran seres humanos. Las personas se disparan unas a otras, se hacen daño como si no les importara nada. Es mucho dolor. Decidí que debía estar aquí para atrapar algunas de las piedras que la gente se lanza entre sí.

Me reí cuando lo dijo. Me recordó una charla que había dado en una reunión de una iglesia durante las audiencias del señor McMillian. Algunos integrantes de la comunidad afroamericana se negaron a apoyar a Walter, no porque pensaran que era culpable sino porque había tenido una relación extramarital y no era un miembro activo de la iglesia. En esa reunión hablé sobre todo del caso de Walter, pero también le recordé a la gente que cuando una mujer acusada de adulterio fue llevada ante Jesús, él les dijo a quienes la acusaban y querían matarla a pedradas: "Aquel de ustedes que esté libre de pecado, que tire la primera piedra". Los acusadores se retractaron y Jesús los perdonó. Pero hoy, nuestra arrogancia moral, nuestro miedo y nuestra ira nos han hecho tirar piedras a los que caen al suelo, incluso cuando sabemos que debemos perdonarlos o mostrarles compasión. Le dije a la congregación que no podemos simplemente ser observadores, debíamos atrapar las piedras.

Cuando me reí por la invocación que esa mujer hizo de esa parábola, ella también se rio.

—Te escuché hablar hoy en el tribunal. Te he visto un par de veces acá. Sé que tú también atrapas piedras.

—Bueno, eso intento —contesté riéndome más fuerte.

La mujer me dio un ligero abrazo y sonrió.

—No, hiciste un buen trabajo hoy. Me puse muy contenta cuando escuché que la jueza dijo que ese hombre se iba a casa. Me puso la piel de gallina. Cincuenta años en prisión y había perdido la vista.

Me apretó un poco más y dijo:

Ahora, sigue así y terminarás como yo, cantando canciones tristes. —Hizo una pausa y se quedó en silencio. La oí reír y continuó—: Pero sigue cantando. Tus canciones te harán fuerte. Puede que incluso te hagan feliz.

Sentados ella y yo en silencio, la gente apuraba el paso por los concurridos pasillos del juzgado.

Me despedí de ella dándole un beso en la mejilla y diciéndole que tenía que firmar los papeles de liberación de los prisioneros. Entonces me detuvo:

—Oye, espera.. —Buscó en su bolsa hasta encontrar un pequeño caramelo de menta—. Ten.

Su gesto me hizo tan feliz que no lo puedo explicar.

—Muchas gracias —le dije y sonreí para mostrar mi agradecimiento.

—Vete, vete ya. —Se despidió sonriendo.

EPÍLOGO

Walter murió el 11 de septiembre del 2013. Pese al desconcierto y las dificultades que padecía por la demencia avanzada, siguió siendo un hombre amable y carismático hasta el final. Vivió con su hermana Katie, pero durante los últimos dos años de su vida, no pudo disfrutar de la naturaleza o salir sin ayuda. Una mañana se cayó y se fracturó la cadera. El hospital lo envió a casa con poca esperanza de recuperación. Perdió mucho peso y cada vez respondía menos a las visitas. Una noche, poco tiempo después, falleció silenciosamente.

Celebramos el funeral de Walter una mañana de domingo lluviosa en la iglesia Limestone Faulk A.M.E. Zion, cerca de Monroeville. Era el mismo púlpito donde, veinte años atrás, yo le había hablado a una congregación sobre tirar y atrapar piedras. Estar de vuelta en ese lugar me resultaba muy extraño. La iglesia estaba llena de gente y muchos más esperaban afuera. Los observé. En su mayoría, eran afroamericanos pobres de zonas rurales. Se habían reunido para una ocasión triste, que se hizo mucho más trágica por el dolor y el tormento injustificados de quienes la precedieron. Muchas veces, mientras trabajaba en el caso de Walter, sentí que, si se pudiera reunir la angustia de todos los oprimidos del Condado de Monroe en un solo lugar, se podría crear algo extraordinario, capaz de poner en marcha una modificación justa y honesta o una redención transformadora.

Cerca del ataúd, la familia había instalado un televisor que proyectaba decenas de fotografías de Walter antes de la misa. Casi todas las fotos fueron tomadas el día en que salió de prisión. Walter y yo aparecíamos en varias de las fotos, y me sorprendió ver lo felices que nos veíamos. Tomé asiento y contemplé las imágenes, incrédulo ante el tiempo que había pasado.

Cuando Walter estaba en el corredor de la muerte, me contó de lo mal que se había sentido durante la ejecución de uno de los hombres en su piso.

—Tan pronto encendieron la silla eléctrica, se podía sentir el olor a carne quemada —dijo—. Todos golpeábamos los barrotes en señal de protesta para sentirnos mejor, pero en realidad me puse muy mal. Mientras más duro golpeaba, más insoportable era todo.

En otra ocasión, me preguntó:

—¿Alguna vez piensas en la muerte? Yo nunca lo había hecho, pero ahora pienso en ella todo el tiempo. —Parecía perturbado—. Lo que vivo acá es otra cosa. Los hombres acá hablan de lo que van a hacer antes de sus ejecuciones, cómo van a comportarse. Pensaba que hablar así era cosa de locos, pero supongo que empiezo a pensar igual.

—Pues, deberías pensar en vivir, hombre; en lo que vas a hacer cuando salgas de aquí —respondí.

—Sí, sí lo hago. Pienso mucho en eso, pero es difícil cuando ves a tanta gente en ese pasillo rumbo a su muerte. No está bien morir según el calendario de un tribunal o de una prisión. La gente debe morir según el calendario de Dios.

Comenzó la misa. Un coro empezó a cantar. El predicador dio un emotivo sermón en honor a Walter y lamentó que hubiera sido alejado de su familia en la plenitud de su vida a causa de mentiras y fanatismo. Era mi turno de subir al púlpito. Le dije a la congregación que Walter se había convertido en un hermano para mí, que había sido valiente al confiar su vida a alguien tan joven como lo era yo entonces. Les dije que todos le debíamos algo. Había sido amenazado y aterrorizado, acusado y condenado de forma injusta, pero nunca se dio por vencido. Sobrevivió la humillación de su juicio y a los cargos que le imputaron. Sobrevivió a un veredicto de culpabilidad, al corredor de la muerte y a la condena injusta de un Estado. Si bien no sobrevivió a las heridas y el trauma, salió de prisión como un hombre digno. Se mantuvo firme frente a la injusticia, con una fortaleza que produjo que todos nosotros estuviésemos más a salvo y más protegidos de los abusos del poder que casi acaban con él. Les sugerí a sus amigos y familiares que valía la pena celebrar esa fortaleza; la resistencia y perseverancia de Walter, pues eran un triunfo que no deberíamos olvidar.

Sentí la necesidad de explicar lo que Walter me había enseñado: me hizo entender por qué tenemos que reformar un sistema de justicia penal que sigue tratando mejor a los acusados si son ricos y culpables que si son pobres e inocentes. Un sistema que favorece el dinero y el estatus mientras niega a los pobres la ayuda legal que necesitan, debe ser cambiado. El caso de Walter me enseñó que el miedo y la ira amenazan a la justicia y pueden infectar a una comunidad, a un Estado o a toda una nación; cegarnos y convertirnos en personas irracionales y peligrosas. Reflexioné sobre cómo el encarcelamiento masivo ha llenado el paisaje nacional de monumentos que celebran los castigos imprudentes y excesivos, y devastado comunidades con desesperanzada voluntad por condenar y descartar a los más vulnerables.

También les conté que el caso de Walter me había enseñado que la pena de muerte no se trata de si la gente merece morir por los crímenes que cometió. La verdadera pregunta sobre la pena de muerte en este país es: *¿tenemos el derecho de matar?*

Finalmente —lo más importante—, les dije a los reunidos en la iglesia que Walter me había enseñado que la clemencia es justa cuando está arraigada en la esperanza y se otorga libremente. La clemencia que más nos empodera, libera y transforma es la que ofrecemos a quienes no la merecen. Quienes no se la han ganado y ni siquiera la han buscado, son los beneficiarios más significativos de nuestra compasión. Walter perdonó de forma genuina a sus acusadores, a quienes lo juzgaron y condenaron injustamente, y decidieron que no merecía piedad. Al final, solo la clemencia le permitió recuperar una vida que merecía celebrarse, en la que re-encontró el amor y la libertad que todos los seres humanos desean; una vida que superó la condena y la posibilidad de la muerte hasta que llegó su hora de morir según el calendario de Dios.

No me quedé mucho tiempo después del funeral. Salí a la calle y miré a lo lejos, pensé en el hecho de que nadie fue procesado jamás por el asesinato de Ronda Morrison tras la liberación de Walter. Pensé en la angustia que eso todavía debe causarles a sus padres.

Hubo mucha gente que se me acercó porque necesitaban ayuda legal para todo tipo de problemas. Les apunté mi número de teléfono y les pedí que llamaran a mi oficina. Pensar que podía ayudarlos hizo que el viaje a casa fuera un poco menos triste.

Desde que, en el 2012, la Corte Suprema prohibió las condenas obligatorias de cadena perpetua sin opción de libertad condicional para menores de edad, casi dos mil personas condenadas a morir en prisión cuando niños o adolescentes, habían recibido una nueva sentencia. Ahora tenían la oportunidad de volver a casa. Casi doscientos menores de edad previamente sentenciados a morir en prisión siendo menores de edad, habían sido liberados. Más de una decena de nuestros clientes en Luisiana, condenados a morir en prisión cuando eran niños, ahora están en casa. Ian Manuel fue puesto en libertad. Antonio Nuñez tiene la oportunidad de salir de la cárcel. Joe Sullivan, finalmente, también fue liberado y Trina Garnett recibió una sentencia menor y ahora puede aspirar a ser libre. Su espíritu se mantiene fuerte.

Yo sigo conociendo a gente que atrapa piedras, que me inspira y me hace creer que podemos actuar mejor con los acusados, los declarados culpables y los condenados entre nosotros, así como con las víctimas de crímenes y violencia. Podemos ser mejores unos con otros.

El trabajo continúa.

AGRADECIMIENTOS

Quiero dar las gracias a los cientos de hombres, mujeres, niños y niñas acusadas, declaradas culpables y encarceladas con quienes he trabajado y que tanto me han enseñado sobre la esperanza, la justicia y la clemencia. Estoy especialmente agradecido y honrado por las personas que aparecen en este libro, víctimas y sobrevivientes de violencia, profesionales de justicia criminal y aquellos que han sido condenados a permanecer en lugares inimaginablemente dolorosos y que, sin embargo, han demostrado valentía y temple. Los nombres de todos los que aparecen en este libro son reales, excepto los de algunos pocas cuya privacidad y seguridad debía protegerse.

Quiero agradecer a Beverly Horowitz, Rebecca Gudelis y el maravilloso equipo de Delacorte Press y Random House Children's Books por su increíble ayuda y orientación en este proyecto. Me siento honrado de compartir mi trabajo con los jóvenes, cuyo entendimiento de estos temas es crucial si queremos crear una sociedad más justa. Quiero dar las gracias a Aaryn Urell y Randy

Susskind de EJI por su edición y sus observaciones. También quiero agradecer a mi agente, Doug Abrams, por su orientación. Mi trabajo no sería posible sin los hombres y mujeres extraordinarios que trabajan en Equal Justice Initiative. Me enorgullece trabajar con gente tan talentosa e inteligente, que se esfuerza cada día por crear un mundo mejor. Gracias, EJI.

NOTAS

INTRODUCCIÓN

23 **Se estima que una de cada quince personas nacidas...** Thomas P. Bonc-zar, "Prevalence of Imprisonment in the U.S. Population, 1974–2001", Buró de Estadísticas Judiciales (agosto de 2003), disponible en https://bjs.ojp.gov/content/pub/pdf/piusp01.pdf, consultado el 4 de diciembre de 2024.

23 **Se estima además que uno de cada tres bebés afroamericanos...** Bonczar, "Prevalence of Imprisonment"; "Report of The Sentencing Pro-ject to the United Nations Human Rights Committee Regarding Racial Disparities in the United States Criminal Justice System", The Sentencing Project (agosto de 2013), disponible en https://www.jstor.org/stable/res-rep27334, consultado el 4 de diciembre de 2024.

24 **hay más de medio millón de personas...** "Fact Sheet: Trends in U.S. Co-rrections", The Sentencing Project (mayo de 2012), disponible en auto.rbl.ms/documents/40227/Trends-in-US-Corrections.pdf, consultado el 4 de diciembre de 2024; Marc Mauer y Ryan S. King, "A 25-Year Quagmire: The War on Drugs and Its Impact on American Society", The Sentencing Project (septiembre de 2007), 2, disponible en https://www.prisonpolicy.org/scans/sp/A-25-Year-Quagmire-The-War-On-Drugs-and-Its-Impact-on-Ameri-can-Society.pdf, consultado el 4 de diciembre de 2024.

24 **les prohibimos a ellos y a sus hijos recibir vales de comida...** Las leyes federales prohíben a los Estados brindar beneficios SNAP, antes conocidos como *food stamps* o "cupones de comida" a los condenados por delitos graves relacionados a drogas, aunque algunos Estados pueden ignorar o modificar esta prohibición. Actualmente treinta y dos Estados tienen algún tipo de prohibición basada en condenas previas por drogas. Diez Estados tienen prohibiciones permanentes. Varios Estados también han desalojado o prohibido que individuos reciban beneficios federales de vivienda pública, ya sea a través del programa Section 8 o programas de vivienda pública, a causa de condenas por drogas. Maggie McCarty, Randy Alison Aussenberg, Gene Falk y David H. Carpenter, "Drug Testing and Crime Related Restrictions in TANF, SNAP, and Housing Assistance", Servicio de Investigación del Congreso (17 de septiembre de 2013), disponible en www.fas.org/sgp/crs/misc/R42394.pdf, consultado el 4 de diciembre de 2024.

24 **Algunos Estados les quitan el derecho a votar a quienes tienen antecedentes penales...** Doce Estados les han quitado el derecho al voto de forma permanente a todos o algunos autores de delitos graves. Treinta y cinco Estados lo prohíben a individuos en libertad condicional y treinta y uno se lo prohíben a quienes están en libertad bajo palabra. "Felony Disenfranchisement Laws in the United States" The Sentencing Project (junio de 2013), disponible en www.sentencingproject.org/publications/felony-disenfranchisement-laws-in-the-united-states/, consultado el 4 de diciembre de 2024.

24 **como resultado, en varios Estados del Sur...** En Alabama, Misisipi y Tennessee, más del 10% de afroamericanos no pueden votar. En Florida, Kentucky y Virginia, más de uno de cada cinco afroamericanos no pueden votar. Christopher Uggen, Sarah Shannon y Jeff Manza, "State-Level Estimates of Felon Disenfranchisement in the United States, 2010", The Sentencing Project (julio de 2012), disponible en https://www.ojp.gov/ncjrs/virtual-library/abstracts/state-level-estimates-felon-disenfranchisement-united-states-2010, consultado el 4 de diciembre de 2024.

25 **Decenas de personas han sido exoneradas...** El Centro de Información de la Pena de Muerte reporta que desde 1973, 144 reclusos del corredor de la muerte han sido exonerados. "The Innocence List", Centro de Información sobre Pena de Muerte, disponible en www.deathpenaltyinfo.org/innocence-list-those-freed-death-row, consultado el 25 de abril de 2014.

NOTAS · 289

25 **Cientos de prisioneros que no están...** Según el Innocence Project, ha habido 316 exoneraciones poscondena por pruebas de ADN en Estados Unidos. Dieciocho de los prisioneros exonerados pasaron tiempo en el corredor de la muerte. "DNA Exonerations Nationwide", The Innocence Project, disponible en. https://innocenceproject.org/dna-exonerations-in-the-united-states/, consultado el 25 de abril de 2014.

25 **Las presunciones de culpabilidad con base en la pobreza...** John Lewis y Bryan Stevenson, "State of Equality and Justice in America: The Presumption of Guilt", *The Washington Post* (17 de mayo de 2013).

25 **Además, gastamos mucho dinero en prisiones...** En 2010, el último año del que tenemos estadísticas disponibles, el costo del sistema penitenciario en Estados Unidos era de unos 80 mil millones de dólares. Fiscal general Eric Holder, discurso para la American Bar Association (12 de agosto de 2013); Tracey Kyckelhahn y Tara Martin, "Justice Expenditure and Employment Extracts, 2010–Preliminary" Buró de Estadísticas Judiciales, (julio de 2013), disponible en https://bjs.ojp.gov/library/publications/justice-expenditure-and-employment-extracts-2010-preliminary, consultado el 30 de abril de 2014. En comparación, en 1980 esa cifra era de unos 6 900 millones de dólares. "Justice Expenditure and Employment Extracts - 1980 and 1981 Data from the Annual General Finance and Employment Surveys" Buró de Estadísticas Judiciales, (marzo de 1985), disponible en www.bjs.gov/index.cfm?ty=pbdetail&iid=3527, consultado el 30 de abril de 2014.

CAPÍTULO UNO: LOS INTÉRPRETES DEL RUISEÑOR

36 **No fue sino hasta 1967...** Cuando la legislatura de Virginia aprobó el Racial Integrity Act o el Acta de Integridad Racial en 1924, autorizó la esterilización forzada de mujeres negras que se pensaba eran defectuosas o peligrosas, y criminalizó el matrimonio entre una persona negra y una persona blanca. Las personas en el Condado de Caroline tomaron estos pronunciamientos muy en serio. Décadas después, cuando un joven blanco, Richard Loving, se enamoró de una mujer negra llamada Mildred Jeter, la joven pareja decidió contraer matrimonio tras enterarse de que Mildred estaba embarazada. Fueron a Washington, D. C., para "legalizarse", pues sabían que era imposible

290 · SOLO CLEMENCIA

hacerlo en Virginia. Intentaron mantenerse lejos, pero extrañaban tanto su pueblo que volvieron al Condado de Caroline después de la boda para estar cerca de sus familias. Se corrió la voz sobre el matrimonio y unas semanas más tarde el alguacil y varios policías armados ingresaron a su hogar de madrugada para arrestar a Richard y Mildred por mestizaje. Encarcelados y humillados, fueron obligados a declararse culpables y les dijeron que deberían estar agradecidos que sus sentencias serían suspendidas siempre y cuando aceptaran irse del condado y no volver por "al menos veinticinco años". Ambos huyeron de nuevo del Estado, pero esta vez decidieron desafiar la ley en Corte con una demanda presentada con la ayuda de la Unión Estadounidense por las Libertades Civiles. En 1967, después de años de derrotas en juzgados de primera instancia, la Corte Suprema de los Estados Unidos desmanteló las leyes antimestizaje y las declaró inconstitucionales.

37 **Casi una docena de personas habían sido linchadas...** Los nombres de las personas linchadas son los siguientes: 13 de octubre de 1892: Burrell Jones, Moses Jones/Johnson, Jim Packard y un hombre desconocido (hermano de Jim Packard). Universidad de Tuskegee, "Record of Lynchings in Alabama from 1871 to 1920, compiled for the Alabama Department of Archives and History by the Tuskegee Normal and Industrial Institute, Dpto. de Archivos y Colecciones Digitales de Historia de Alabama, disponible en http://digital.archives.alabama.gov/cdm/singleitem/collection/voices/id/2516, consultado el 18 de septiembre de 2009; también, "Four Negroes Lynched", *New York Times* (14 de octubre de 1892); Stewart Tolnay, compilador, "NAACP Lynching Records", Historical American Lynching Data Collection Project, disponible en https://www.kaggle.com/datasets/rtatman/historical-american-lynching, consultado el 30 de abril de 2014.

> 30 de octubre de 1892: Allen Parker. Archivos de la Universidad de Tuskegee; Tolnay, "NAACP Lynching Records".
>
> 30 de agosto de 1897: Jack Pharr. Archivos de la Universidad de Tuskegee; Tolnay, "NAACP Lynching Records".
>
> 2 de septiembre 1897: Desconocido. Archivos de la Universidad de Tuskegee.
>
> 23 de agosto de 1905: Oliver Latt. Archivos de la Universidad de Tuskegee.
>
> 7 de febrero de 1909: Will Parker. Archivos de la Universidad de Tuskegee.

NOTAS · **291**

9 de agosto de 1915: James Fox. Tuskegee University Archives; "Negro Lynched for Attacking Officer", *Montgomery Advertiser* (10 de agosto de 1915). Archivos de la Universidad de Tuskegee; Tolnay, "NAACP Lynching Records".

9 de agosto de 1943: Willie Lee Cooper. "NAACP Describes Alabama's Willie Lee Case as Lynching", *Journal and Guide* (8 de septiembre de 1943); "NAACP Claims Man Lynched in Alabama", *Bee* (26 de septiembre de 1943); "Ala. Workman 'Lynched' After Quitting Job", *Afro-American* (18 de septiembre de 1943). Archivos de la Universidad de Tuskegee.

7 de mayo de 1954: Russell Charley. "Violence Flares in Dixie", *Pittsburgh Courier* (5 de junio de 1954); "Suspect Lynching in Ala. Town", *Chicago Defender* (12 de junio 1954); "Hint Love Rivalry Led to Lynching", *Chicago Defender* (19 de junio de 1954); "NAACP Probes 'Bama Lynching", *Pittsburgh Courier* (26 de junio de 1954). Archivos de la Universidad de Tuskegee.

CAPÍTULO DOS: ESTRADO

46 Suicidios, violencia entre presidiarios... El Buró de Estadísticas Judiciales reportó que durante los ochenta, cientos de individuos encarcelados murieron cada año por suicidio, homicidio y otras razones "desconocidas". Christopher J. Mumola, "Suicide and Homicide in State Prisons and Local Jails", Buró de Estadísticas Judiciales (agosto de 2005) disponible en https://bjs.ojp.gov/content/pub/pdf/shsplj.pdf, consultado el 4 de diciembre de 2024; Lawrence A. Greenfield, "Prisons and Prisoners in the United States", Buró de Estadísticas Judiciales (abril de 1992), disponible en www.bjs.gov/index.cfm?ty=pbdetail&iid=1392.

52 Encontré reportes del Buró de Estadísticas Judiciales... En 1978, los negros tenían ocho veces más probabilidades que los blancos de ser asesinados por agentes de la policía. Jodi M. Brown y Patrick A. Langan, "Policing and Homicide, 1976-1998: Justifiable Homicide by Police, Police Officers Murdered by Felons", Buró de Estadísticas Judiciales (marzo de 2001), disponible en https://www.ojp.gov/ncjrs/virtual-library/abstracts/policing-and-homicide-1976-1998-justifiable-homicide-felons-police, consultado el 30 de abril de 2014.

292 · SOLO CLEMENCIA

52 El problema podría empeorar... En algunos Estados con leyes de Stand Your Ground la tasa de homicidios "justificables" de afroamericanos aumentó más del doble entre 2005 y 2011, el periodo en que fueron promulgadas la mayoría de estas leyes. La tasa de estos homicidios contra blancos también aumentó, pero solo un poco y, en principio, la tasa de homicidios de blancos era mucho más baja. "Shoot First: 'Stand Your Ground' Laws and Their Effect on Violent Crime and the Criminal Justice System", comunicado de prensa conjunto de la National Urban League, Mayors Against Illegal Guns y VoteVets.org (septiembre de 2013), disponible en : https://s3.amazonaws.com/s3.mayorsagainstillegalguns.org/images/ShootFirst_v4.pdf, consultado el 30 de abril de 2014.

CAPÍTULO TRES: A PRUEBA

58 "Vamos a evitar que todos ustedes..." McMillian vs. Johnson, Caso No. 93-A-699-N, P. Exh. 12, Memorándum del demandante en oposición a la moción del demandado de juicio sumario (1994).

68 En 1945, la Corte Suprema ratificó un estatuto de Texas... Akins vs. Texas, 325 U.S. 398 (1945).

69 Comisiones locales de jurados usaron requisitos legales... David Cole, "Judgment and Discrimination", en *No Equal Justice: Race and Class in the American Criminal Justice System* (New York: New Press, 1999), 101–31.

69 Para la década de 1970, la Corte Suprema determinó... Duren vs. Missouri, 439 U.S. 357 (1979); Taylor vs. Louisiana, 419 U.S. 522 (1975).

69 Pero recusar a todos o a la mayoría de jurados... "Illegal Racial Discrimination in Jury Selection: A Continuing Legacy", Equal Justice Initiative (2009), disponible en https://eji.org/reports/illegal-racial-discrimination-in-jury-selection/, consultado el 4 de diciembre de 2024.

CAPÍTULO SEIS: CONDENADOS

108 Alabama tenía más menores de edad sentenciados a muerte... Victor L. Streib, *Death Penalty for Juveniles* (Bloomington: Indiana University Press, 1987).

NOTAS · 293

CAPÍTULO SIETE: JUSTICIA DENEGADA

122 Los registros de la Corte revelaron... Giglio vs. United States, 405 U.S. 150 (1972); *Mooney vs. Holohan*, 294 U.S. 103 (1935).

132 El estudio realizado para ese caso... McCleskey vs. Kemp, 481 U.S. 279, 286 (1987), cita a David C. Baldus et al., "Comparative Review of Death Sentences: An Empirical Study of the Georgia Experience", *Journal of Criminal Law and Criminology 74* (1983): 661.

132 En Alabama, aunque el 65%... American Bar Association, "Evaluating Fairness and Accuracy in State Death Penalty Systems: The Alabama Death Penalty Assessment Report" (junio de 2006), disponible en https://www.prisonpolicy.org/scans/aba/AL_report_%20authcheckdam.pdf, consultado el 14 de junio de 2013.

132 La figura de acusado negro y víctima blanca... McCleskey vs. Kemp, 481 U.S. 286–87, cita a Baldus et al., "Comparative Review"; U.S. General Accounting Office, *Death Penalty Sentencing: Research Indicates Pattern of Racial Disparities*, 1990, GAO/GGD-90-57. ("En el 82% de los estudios, fue hallado que la raza de la víctima influenció en la probabilidad de ser acusada por homicidio capital o de recibir la pena de muerte, i.e., se halló que aquellos que asesinaron a personas blancas eran más propensos a recibir la pena de muerte que aquellos que asesinaron a personas negras").

CAPÍTULO OCHO: TODOS LOS HIJOS DE DIOS

132 Chester tenía altísimos índices de pobreza... Durante las últimas dos décadas, el distrito escolar de Chester Upland ha sido clasificado como el peor de la mancomunidad de Pensilvania. James T. Harris III, "Success amid Crisis in Chester", Philly.com (16 de febrero de 2012), disponible en https://www.inquirer.com/philly/opinion/inquirer/20120216_Success_amid_crisis_in_Chester.html, consultado el 30 de abril de 2014.

132 Casi el 46%... En 2012, el Buró del Censo estimó que 45.6% de los residentes de Chester menores de dieciocho años vivían bajo la línea federal de pobreza. U.S. Census Bureau, 2008–2012 American Community Survey, ciudad de Chester, Pensilvania.

294 · SOLO CLEMENCIA

141 La ley de sentencias de Pensilvania era inflexible... Hasta 2012, cualquier persona condenada por asesinato en primer o segundo grado, automáticamente recibía una condena de cadena perpetua sin la opción de libertad condicional. 18 Pensilvania Consolidated Statutes § 1102; 61 Pensilvania Consolidated Statutes § 6137. Aunque ya no es obligatoria, es posible que jóvenes condenados por asesinato en primer o segundo grado reciban condenas de cadena perpetua sin opción a libertad condicional. 18 Pensilvania Consolidated Statutes § 1102.1.

141 "Este es el caso más triste que he visto..." Liliana Segura, "Throwaway People: Teens Sent to Die in Prison Will Get a Second Chance", *The Nation* (28 de mayo de 2012).

141 Por un crimen trágico cometido a los catorce años... Segura, "Throwaway People"; Commonwealth vs. Garnett, 485 A.2d 821 (Pa. Super. Ct. 1984).

141 No fue hasta el 2008 que la mayoría de Estados... En 2008, la Oficina Federal de Prisiones adoptó una política que restringe el encadenamiento de reclusas embarazadas. Oficina Federal de Prisiones, "Program Statement: Escorted Trips, No. 5538.05" (6 de octubre de 2008), disponible en https://www.aclu.org/sites/default/files/pdfs/prison/bop_policy_escorted_trips_p5538_05.pdf, consultado el 4 de diciembre de 2024. Actualmente, veinticuatro estados tienen leyes o políticas que previenen o restringen el encadenamiento de reclusas embarazadas o en trabajo de parto. Dana Sussman, "Bound by Injustice: Challenging the Use of Shackles on Incarcerated Pregnant Women", *Cardozo Journal of Law and Gender* 15 (2009): 477; "State Standards for Pregnancy-Related Health Care and Abortion for Women in Prison", Unión Estadounidense de Libertades Civiles, disponible en www.aclu.org/maps/state-standards-pregnancy-related-health-care-and-abortion-women-prison-map, consultado el 28 de abril de 2014.

141 Ella es una de casi quinientas personas... Paula Reed Ward, "Pa. Top Court Retains Terms for Juvenile Lifers", Pittsburgh Post- Gazette (30 de octubre de 2013); "Juvenile Life Without Parole (JLWOP)in Pensilvania", JuvenileLawCenter, disponible en https://jlc.org/juvenile-life-without-parole-jlwop-Pensilvania, consultado el 26 de abril de 2014.

NOTAS · 295

143 Los menores de edad encarcelados en prisiones para adultos... Tras haber promulgado la Prison Elimination Act de 2003, el Congreso descubrió que los menores de edad en prisiones para adultos tienen cinco veces más probabilidades de ser agredidos sexualmente. 42 U.S.C. § 15601(4).

144 Mientras se hundía más y más en la desesperación... Laughlin, "Does Separation Equal Suffering?".

145 Para el 2010, el estado de Florida había sentenciado... Florida había sentenciado a un total de setenta y siete menores de edad a cadena perpetua sin opción de libertad condicional por crímenes no relacionados con homicidios. Informe del demandante, Graham vs. Florida, Corte Suprema de los Estados Unidos (2009); Paolo G. Annino, David W. Rasmussen y Chelsea B. Rice, *Juvenile Life without Parole for Non-Homicide Offenses: Florida Compared to the Nation* (2009), 2, tabla A.

145 Todos los niños condenados de menor edad... En Florida, dos niños de trece años, incluido Joe Sullivan, han sido sentenciados a cadena perpetua sin opción de libertad condicional por crímenes no relacionados con homicidios. Annino, Rasmussen y Rice, *Juvenile Life without Parole for Non- Homicide Offenses, gráfica E* (2009).

145 Todos los niños... "Cruel and Unusual: Sentencing 13- and 14-Year-Old Children to Die in Prison", Equal Justice Initiative (2008), disponible en https://eji.org/reports/cruel-and-unusual/, consultado el 4 de diciembre de 2024.

145 Florida tenía la población más grande... Estados Unidos es el único país del mundo que impone sentencias de cadena perpetua por ofensas no relacionadas con homicidios a menores de edad y Florida ha sentenciado a muchos más individuos a cadena perpetua sin opción de libertad condicional que cualquier otro Estado del país. Annino, Rasmussen y Rice, *Juvenile Life without Parole for Non-Homicide Offenses*, gráfica E.

147 Consiguió un arma para defenderse... *In re Nunez*, 173 Cal. App. 4th 709, 720–21 (2009).

149 Por ejemplo, en el infame caso... James Goodman, *Stories of Scottsboro* (New York: Pantheon Books, 1994), 8.

149 Reconocidos criminólogos predijeron... El término de "superdepredadores" fue usado comúnmente junto con predicciones funestas que

296 · SOLO CLEMENCIA

decían que ocurría o que iba a ocurrir un gran aumento en crímenes cometidos por menores de edad. Vea Oficina de Justica Juvenil y Prevención de la Delincuencia, Departamento de Justicia de Estados Unidos, "Juvenile Justice: A Century of Change", (1999), 4–5, disponible en www.ncjrs.gov/pdffiles1/ojjdp/178993.pdf, consultado el 30 de abril de 2014. Vea, por ejemplo, Sacha Coupet, "What to Do with the Sheep in Wolf's Clothing: The Role of Rhetoric and Reality About Youth Offenders in the Constructive Dismantling of the Juvenile Justice System", *University of Pensilvania Law Review* 148 (2000): 1303, 1307; Laura A. Bazelon, "Exploding the Superpredator Myth: Why Infancy Is the Preadolescent's Best Defense in Juvenile Court", *New York University Law Review* 75 (2000): 159. Muchas de las imágenes aterradoras tenían un trasfondo racial; vea, por ejemplo, John J. DiIulio, "My Black Crime Problem, and Ours", *City Journal* (primavera de 1996), disponible en https://www.city-journal.org/article/my-black-crime-problem-and-ours, consultado el 4 de diciembre de 2024 ("270,000 más jóvenes depredadores en las calles que en 1990, aparecerán en olas durante las próximas dos décadas... Al menos la mitad de estos jóvenes superdepredadores podrían ser jóvenes negros"); William J. Bennett, John J. DiIulio Jr. y John P. Walters, *Body Count: Moral Poverty... And How to Win America's War Against Crime and Drugs* (Nueva York: Simon and Schuster, 1996), 27–28.

149 A veces enfocándose específicamente en niños afroamericanos... John J. DiIulio Jr., "The Coming of the SuperPredators", *Weekly Standard* (27 de noviembre de 1995), 23.

150 La población de jóvenes condenados a crímenes... Vea, por ejemplo, Elizabeth Becker, "As Ex-Theorist on Young 'Superpredators,' Bush Aide Has Regrets", *New York Times* (9 de febrero de 2001), A19.

Decidimos publicar un reporte... "Cruel and Unusual".

CAPÍTULO NUEVE: ESTOY AQUÍ

151 Yo simplemente puedo mirarlo a la cara... McMillian vs. Alabama, CC-87-682.60, testimonio de Ralph Myers durante la audiencia de Regla 32, 16 de abril de 1992.

NOTAS · **297**

CAPÍTULO DIEZ: MITIGACIÓN

180 En la década de los años sesenta y setenta... En estas décadas, las reformas legislativas y judiciales mejoraron los procedimientos mediante los cuales los individuos eran sujetos a compromisos involuntarios. Stanley S. Herr, Stephen Arons y Richard E. Wallace Jr., *Legal Rights and Mental Health Care* (Lexington, MA: Lexington Books, 1983). En 1978, la Corte Suprema de los Estados Unidos aumentó la carga de pruebas sobre los Estados que buscan internar a individuos en hospitales psiquiátricos, contra su voluntad, basándose en el bajo estándar de "preponderancia de la evidencia" a un estándar más difícil de "evidencia clara y convincente". Addington vs. Texas, 441 U.S. 418 (1978).

181 Hoy más del 50%... Doris J. James y Lauren E. Glaze, "Mental Health Problems of Prison and Jail Inmates", reporte especial, Buró de Estadísticas Judiciales (septiembre de 2006), disponible en https://bjs.ojp.gov/content/pub/pdf/mhppji.pdf, consultado el 4 de diciembre de 2024. De esta cifra se desglosa en 56% de reclusos estatales, 45% de reclusos federales y 64% de reclusos de cárceles locales. En total, eso suma un aproximado de 1,264,300 reclusos. Este es el estudio reciente más completo, pero fue realizado en 2005, de modo que las cifras pueden haber variado. No obstante, fuentes actuales (2012-2013) aún citan este estudio pues sigue siendo la fuente más completa y actualizada sobre el tema.

181 De hecho, hay tres vceces más... Torrey et al., "More Mentally Ill Persons", 1.

184 De hecho, fue en los años cincuenta... Personas en Alabama, Georgia y Carolina del Sur empezaron a desplegar la bandera de batalla de la Confederación para protestar simbólicamente contra la decisión tomada a partir del caso *Brown*. James Forman Jr., "Driving Dixie Down: Removing the Confederate Flag from Southern State Capitols", *Yale Law Journal* 101 (1991): 505.

CAPÍTULO ONCE: ME IRÉ VOLANDO

201 Periodistas de diarios locales se quejaron... Connie Baggett, "DA: TV Account of McMillian's Conviction a 'Disgrace'", *Mobile Press Register* (24 de noviembre de 1992).

298 · SOLO CLEMENCIA

CAPÍTULO DOCE: MADRE, MADRE

219 **De hecho, en todo el país, la mayoría de las mujeres...** "Case Summaries for Current Female Death Row Inmates". Centro de Información sobre la Pena de Muerte, disponible en www.deathpenaltyinfo.org/case-summaries-current-female-death-row-inmates, consultado el 13 de agosto de 2013.

220 **La criminalización de la mortalidad infantil...** Este fenómeno de acusar a mujeres, particularmente a mujeres pobres y de color, que dan a luz a bebés que nacen muertos o bebés que viven poco tiempo, ahora parece algo común para un observador casual de los asuntos de actualidad. Michelle Oberman, "The Control of Pregnancy and the Criminalization of Femaleness", *Berkeley Journal of Gender, Law, and Justice 7* (2013): 1; Ada Calhoun, "The Criminalization of Bad Mothers", *New York Times* (25 de abril de 2012).

220 **Con el tiempo, la Corte Suprema de Alabama...** Ex parte Ankrom, 2013 WL 135748 (Ala. 11 de enero de 2013); Ex parte Hicks, No. 1110620 (Ala. 18 de abril de 2014).

221 **Entre 75 y 80%...** Angela Hattery y Earl Smith, *Prisoner Reentry and Social Capital: The Long Road to Reintegration* (Lanham, MD: Lexington, 2010).

CAPÍTULO QUINCE: DAÑADOS Y HERIDOS

252 **Pero entonces, unos años después, los índices de ejecuciones...** "Facts About the Death Penalty". Centro de Información sobre la Pena de Muerte (2 de mayo de 2013), disponible en www.deathpenaltyinfo.org/FactSheet. pdf, consultado el 31 de agosto de 2013.

252 **para el 2010, el número de ejecuciones anuales...** En 2010 se realizaron 46 ejecuciones, comparadas con las 98 de 1999. "Executions by Year Since 1976", Centro de Información sobre la Pena de Muerte, disponible en www. deathpenaltyinfo.org/executions-year, consultado el 29 de abril de 2014.

252 **Nueva Jersey, Nueva York, Illinois...** Acta del 2 de mayo de 2013, c. 156, leyes de Maryland de 2013; Act del 25 de abril de 2012, Acta Pub. número 12-5, actas de Connecticut de 2012 (Reg. Sess.); 725 Illinois Comp. Stat. 5/119-1 (2011); acta del 18 de marzo de 2009, ch. 11, leyes de Nuevo México de 2009; acta del 17 de diciembre de 2007, c. 204, leyes de Nueva Jersey de 2007.

NOTAS · 299

252 **La tasa de sentencias de muerte en Alabama...** "Alabama's Death Sentencing and Execution Rates Continue to Be Highest in the Country", Equal Justice Initiative (3 de febrero de 2011), disponible en https://eji.org/news/alabama-still-has-highest-death-sentencing-and-execution-rates/, consultado el 31 de agosto de 2013.

CAPÍTULO DIECISÉIS: LA CANCIÓN TRISTE DE LOS QUE ATRAPAN PIEDRAS

265 **El 17 de mayo de 2010 estaba en mi oficina...** Graham vs. Florida, 560 U.S. 48 (2010).

266 **Dos años después, en junio de 2012...** Miller vs. Alabama, 132 S. Ct. 2455 (2012).

267 **Creo que hay cuatro instituciones...** Alex Carp, "Walking with the Wind: Alex Carp Interviews Bryan Stevenson", *Guernica* (17 de marzo de 2014), disponible en www.guernicamag.com/interviews/walking-with-the-wind, consultado el 30 de abril de 2014.

271 **Tuve que volver a una Corte de Apelaciones...** People vs. Nunez, 195 Cal.App. 4th 404 (2011).

ÍNDICE DE NOMBRES Y CONTENIDO

11 de septiembre del 2001, ataques terroristas del,
60 Minutes,

abuso sexual 96, 190, 223
    de menores de edad en prisión, 115-116
    de mujeres en prisión, 223-224, 240-241
adolescencia 242-243
Afroamericanos, 32-35, 132, 183, 268-269
    guetos segregados, 221
    jurados, 68, 184
    pastores, 62, 168
Alabama
    ejecuciones en, 78, 248
    industria del algodón, 32
    menores de edad, 108, 238
    sentenciados a muerte en, 44, 64, 244
alquiler de reclusos, 268
Ansley, Eva, 29, 77
Asociación Nacional para el Progreso de las Personas de Color, 13, 120
Atlanta
    calles de, 47-49
    centro de, 44, 47
    juzgado de, 196
    policía de, 48, 52-53
Bagwell, David, 79
Baigre, Debbie, 142-144
banderas de la Confederación, 21, 184
Bartholet, Betsy, 13
Baschab, Pamela, 212
Batson vs. Kentucky, 69
Benson, Simon, 134-136, 158, 174, 202
Blackmon, Douglas, 269
Blair, Rick, 38, 87
Bliss, Charles, 43
Boynton, Bruce, 66, 70, 98, 175
Bradley, Ed, 201
Bright, Steve, 13, 43

Brown vs. el Consejo de Educación, 184,
Bryant, Bernard, 170
Buró de Estadísticas Judiciales, 52
Buró de Investigaciones de Alabama (o ABI, por sus siglas en inglés), 40

cadena perpetua, 23-24, 79, 119-120, 141-150, 213, 218, 238-244, 253, 265-266, 271-274, 283
Cannon, Cole, 240
Carter, Joshua, 273-274
Caston, Robert, 273-274
caso de los chicos Scottsboro, 149
Centro de Información sobre la Pena de Muerte, 227
Centro Médico de Alta Seguridad Taylor Hardin, Tuscaloosa, 71
Centro para Derechos Humanos del Sur (SCHR), 13
Centro Penitenciario de Attica, 44
Centro Penitenciario Santa Rosa, Florida, 237
Centro Penitenciario St. Clair, 241
Comité de Defensa de los Prisioneros del Sur (SPDC), 13-17, 29
confinamiento solitario, 44, 143-144, 151-152, 253, 272
Chapman, Tom, y caso McMillian, 100-104, 134-135, 155, 158, 164, 166, 201-202, 208, 212-214
Charley, Russell, 37
Charlie (menor de edad), 108-118
Chester, Pennsylvania, 138-139
Chestnut, J. L., 66, 70-72, 98, 175
Cinturón Negro, 32,
circuito de Cortes del condado Monroe, 133
cobertura mediática, 44, 70, 199, 200-201, 219, 228, 244

Colbey, Glen, 217
Colbey, Marsha, 217
Cole, Greg, 202
Condado de Baldwin, Alabama, 70-74, 197, 224
Condado de Escambia, Alabama, 39, 136, 160,
Condado de Monroe, Alabama, 31, 37-40, 58, 60, 68, 70, 97, 100-101, 130, 132, 134, 156, 196, 198, 227-232, 280
condenas injustas, 150
construcción de prisiones, 218
Cook, Debbie, 217-218
Cox, Mary, 26
Corte de Apelaciones Penales, 98, 119, 197-198, 200, 203, 209, 224, 253, 271
Corte Suprema de Alabama, 35, 133-134, 220, 224, 252
Corte Suprema de los Estados Unidos, 68, 255
Crook, Sam, 93-94, 158
Cruzada de los Niños, 55

Delaware, 21, 242
delitos relacionados a las drogas, 24
Departamento de Justicia de los Estados Unidos, 224
derecho al voto, 24, 35, 69, 172, 270
derechos civiles, 32, 46, 51, 55, 66, 68, 120, 184, 195-196, 199-200, 234, 244, 269
Dill, Jimmy, 252-263
discapacidad, 139, 142, 182, 180, 182, 188-191, 238, 254-255, 260
discriminación racial, 24, 69
Dix, Dorothea, 179
Donald, Michael, 58
Dwight, Louis, 179

Early, Pete, 200
encarcelamiento de mujeres, 219-220
encarcelamiento masivo, 22, 24, 26, 149, 179-180, 218, 263, 267, 270, 282
Equal Justice Initiative (EJI), 78-79, 121-122, 153, 195, 198, 223-224, 232, 248, 252-253, 267, 275, 286
esclavitud, 21-22, 35, 97, 183, 267-268
Escuela de Gobierno, 12

Escuela de Leyes, 12-13, 18, 20-24, 43, 122
esquizofrenia, 180, 188, 190
estatutos antimestizaje, 35-36
Evans, John, 64, 66, 81

FBI, 136
Florida, 38, 142-145, 152, 196, 210, 229, 237-238, 244, 253
Freedom Riders, 120-121

Gadsden, Alabama, 45-48, 53
Garnett, Edith, 138
Garnett, Edy, 139
Garnett, Lynda, 138
Garnett, Lynn, 138
Garnett, Trina, 138-142, 148, 150-151, 239, 253, 259, 266, 283
Garnett, Walter, 138
Gelber, David, 201
Giles (sobrino de Walter McMillian), 89, 166
Graham, Terrance, 244
Guerra de Vietnam, 80-82

Hand, Armelia, 90-91, 158, 166-168
Harcourt, Bernard, 198
Henry (prisionero), 17-20
Hightower, Joe, 73, 98, 165, 204
Hooks, Bill, 60, 68, 73, 97-98, 122, 165, 200, 204
Houston, Darnell, 96, 98-104
Hunt, Guy, 79
Hunter, Jimmy, 61

Ikner, Larry, 134, 158, 174, 202,
Ikner, Woodrow, 165-166, 201
inmigrantes, 122, 270
Iniciativa de Justicia Igualitaria, 78
Institución Correccional Apalachee, Florida, 143
Institución Correccional Estatal en Muncy, Pennsylvania, 141

Jackson, Kuntrell, 266
Jackson, Miles, 38
Jenkins, Avery, 182, 184, 260,
jurados, 68-79, 119, 174, 184, 204, 213, 218, 222, 224

302 · SOLO CLEMENCIA

Kast, Clay, 123, 165, 201
Kelly, Joe, 34
Kelly, Karen, 34, 36, 38, 40, 61, 86, 102, 128, 130, 201
Key, Robert E. Lee, Jr., 65, 70, 98, 119, 156, 213
King, Martin Luther, Jr., 120, 234
Ku Klux Klan, 58, 120, 183, 268

Lee, Harper, 31
Lee, Katie, 248
Ley de Derecho al Voto de 1965, 24
leyes de "integridad racial", 36
leyes Stand Your Ground (Defiende tu postura), 52
Lindsey, Michael, 78-79
linchamientos, 37, 183, 267-268
Los Ángeles, California, 12, 145-147
Louisiana, 253
Loving vs. Virginia, 36

McClendon, Efernia, 222
McCleskey vs. Kemp (1987), 132
McMillian, "Boot", 87
McMillian, Jackie, 85-89, 93
McMillian Johnny, 87
McMillian, Minnie Belle, 85-93, 158, 166, 168, 207, 210-211, 229
McMillian, Walter, 25-41, 57-75, 78, 84, 85-104, 119-138, 155-177, 196-215, 227-235, 247-253, 277-283
Madison, Vernon, 30
Manuel, Ian E., 138, 143, 239, 253, 266, 271, 283
menores de edad, 107-18, 143, 150, 221, 239-240, 245, 253, 259, 265-266, 271, 274, 283
Miller, Evan, 239, 266
Miller vs. Alabama, 266
minorías, 69, 270
Mohabbat, Omar, 170
Morrison, Charlotte, 223
Morrison, Jesse, 30
Morrison, Maria, 248
Morrison, Ronda, 37-40, 58-67, 72-73, 97, 102, 123, 127-129, 158-165, 174, 201-206, 283

mortalidad infantil, 220
Mother Jones, 224
Myers, Ralph, 39-41, 57-70, 98, 103, 123-136, 155-174, 197, 201, 204

Nelson, Kristen, 223
Newsome, Francis, 140
New York Times, The, 199, 227, 290
Nicks, Harry, 30
Norton, Thomas B., Jr., 156
Nuñez, Antonio, 145-150, 239
Nuñez, José, 146,

O'Connor, Michael, 122, 124
Octava Enmienda, 239

Pace, Tony, 35
Patterson, John, 120, 199
Pearson, Ted, 58, 60, 68, 70, 72, 100, 165, 174, 231
pena de muerte, 11, 13, 14, 20, 25, 44, 46, 54, 60, 64, 69, 77-80, 107, 119, 132, 160, 197-198, 200, 208, 213, 218, 222, 227-228, 232, 241-242, 252, 254, 265-266, 268, 282
Pensilvania, 138, 140, 142, 239, 253,
Perez, Juan, 147
Pittman, Mozelle, 130-133
Pittman, Onzelle, 130-133
Pittman, Vickie Lynn, 136, 199
Plessy vs. Ferguson, 36
población carcelaria, 23, 218, 267
pobreza, 12-13, 20, 25-26, 32, 138
Premio Olof Palme, 234
Prisión Angola, Luisiana, 181, 272-274
Prisión Correccional de Holman, Alabama, 63, 66, 71, 176, 211
Prisión Estatal de Diagnóstico y Clasificación de Georgia, 15
Prisión para Mujeres Tutwiler, 129, 218, 220-225
prueba de ADN, 25, 224, 232, 239

racismo, 33, 259
raza, 22, 35, 36, 91, 95, 118, 132, 149, 161, 267-268, 275
Reconstrucción, 35, 183, 268
Reed (juez), 141

ÍNDICE · 303

Regla 32, 133-134, 156
Rehabilitación, 24-25, 26, 148, 262
Richardson, Herbert, 80-84
Robinson, Amelia Boynton, 66
Robinson, Robert "Robbie", 195
relaciones interraciales, 34-36, 41, 180
Ruffin, Lourida, 45-46, 48, 53-54

Smith, Evelyn, 61
símbolos del Sur, 21, 183-184
Stevenson, Bryan, 15, 90-92, 95, 98, 100, 104, 108, 123, 126, 152, 156, 158, 167-168, 171-172, 176
Strauder vs. West Virginia (1880), 68
suicidio, 46, 117, 240
Sullivan, Joe, 237
Susskind, Randy, 252
SWAT, 48

Tabb, Willie, 30
Tate, Thomas, 57
Taylor, Tom, 202-203
teoría de "superdepredadores", 149-150
Tutwiler, Julia, 220

vales de comida, 24
Valeska, Don, 155
Vance, Robert, 195
violencia, 18, 46, 61, 111, 139, 145-146, 151, 183
vivienda pública, 24

Welch, Ernest, 62, 73
Williams, Eugene, 149
Williams, Jimmy, 201
Wright, Roy, 149

Yellow Mama (Mamá Amarilla), 64